T0194613

Das perfekte Geschenk

Bernd Stauss

Das perfekte Geschenk

Zur Psychologie des Schenkens

 Springer

Bernd Stauss
Ingolstadt, Bayern, Deutschland

ISBN 978-3-662-63619-0   ISBN 978-3-662-63620-6   (eBook)
https://doi.org/10.1007/978-3-662-63620-6

Die Deutsche Nationalbibliothek verzeichnet diese Publikation in der Deutschen Nationalbibliografie; detaillierte bibliografische Daten sind im Internet über http:// dnb.d-nb.de abrufbar.

Titelbild: Schleife für Weihnachten © Adobe Stock

Planung/Lektorat: Joachim Coch
Springer ist ein Imprint der eingetragenen Gesellschaft Springer-Verlag GmbH, DE und ist ein Teil von Springer Nature.
Die Anschrift der Gesellschaft ist: Heidelberger Platz 3, 14197 Berlin, Germany

Das perfekte Geschenk – Vorwort

Ständig gibt es einen Anlass für Geschenke. Natürlich ist zuallererst an das bedeutendste Geschenkfest, Weihnachten, zu denken und an die vielen Geburtstage, aber dann kommen ja noch Mutter-, Vater- und Valentinstag hinzu sowie Gastgeschenke bei Einladungen von Freunden sowie Familienfeste wie Hochzeiten oder Taufen. Und in jedem Fall steht man vor den Fragen „Was soll ich schenken?" und „Was ist in dem speziellen Fall das perfekte Geschenk?". Erste wichtige, allerdings recht allgemeine Hinweise auf eine Antwort gibt ein einflussreicher Aufsatz des amerikanischen Konsumentenverhaltensforschers Russel W. Belk (1996) mit dem Titel „The perfect gift", in dem er das Idealbild eines gelungenen Geschenks beschreibt und konkrete Eigenschaften benennt. Danach zeichnen sich perfekte Geschenke u. a. dadurch aus, dass sie den Empfänger begeistern, seinen Wünschen entsprechen und ihn überraschen. Im konkreten Einzelfall bieten solche Hinweise aber keineswegs immer ausreichende Hilfestellungen. Wie soll man eine Nichte begeistern, die man kaum kennt? Wie soll man die Wünsche eines Onkels erfüllen, der immer nur betont, keine Wünsche zu haben? Wie soll man einen Partner überraschen, der exakt angibt, was er als Geschenk erwartet? Eigentlich will man mit einem möglichst perfekten Geschenk dem Empfänger Freude bereiten und damit die bestehende Beziehung auch emotional vertiefen. Aber die häufig erfolglose Suche nach dem richtigen Geschenk verursacht zunächst einmal beim Geber Ratlosigkeit, Unsicherheit und die Angst, mit einem nicht nur unperfekten, sondern womöglich missglückten Geschenk das Gegenteil des Beabsichtigten zu bewirken, nämlich Enttäuschung und Ärger beim Empfänger und eine emotionale Distanzierung in der Beziehung.

Wenn man sich in dieser Situation intensiver damit beschäftigt, wie man ein perfektes Geschenk finden oder zumindest ein missglücktes vermeiden kann, geraten auch immer mehr Details und Fallstricke in den Blick. Die Zahl der Fragen wächst: Erscheint der niedrige Preis des Geschenks als Beleg geringer Wertschätzung oder der hohe Preis als unerwünschter Druck auf den Empfänger, ein ebenso teures Gegengeschenk zu machen? Was sagt das Geschenk über mich, meinen Geschmack und meine Sicht auf den Empfänger aus? Welche Geschenke sind aktuell inkorrekt, welchen Kindern darf man noch Schokolade, welchem Erwachsenen noch Bücher in nicht gendersensibler Sprache schenken?[1] Wenn, wie zu Weihnachten, mehrere

---

[1]Auch in diesem Buch verwende ich das umstrittene „generische Maskulinum". Es ist also von Gebern und Empfängern die Rede, womit Männer wie Frauen gleichermaßen gemeint sind. Damit ist keine sprachliche oder inhaltliche Diskriminierung beabsichtigt, wäre auch gerade hier besonders unangebracht, da Frauen im Schenkprozess die Hautrolle spielen und die Hauptarbeit leisten (siehe Kap. 12 „Der Weihnachtsmann ist eine Frau"). Mit der Weigerung, einer oktroyierten Sprachlenkung (so Moritz in seinem Artikel „Stimmt's, oder hab ich recht?", FAZ-NET 12. April 2021) zu folgen, geht es mir nur darum, Störungen des Leseflusses per Genderstern zu vermeiden. Immerhin erspare ich mir und Ihnen circa 1000 Gendersternchen.

Personen zu bedenken sind und die Geschenkpräsentation familienöffentlich ist, wie werden die Beteiligten die unterschiedlichen Gaben finanziell und symbolisch bewerten und interpretieren? Ist Geld die Lösung oder ein Gutschein? Und sind diese und weitere Fragen gegebenenfalls unterschiedlich zu beantworten, je nachdem, um welchen Anlass es sich handelt, welche Phase im Lebenszyklus vorliegt und welche Art der Beziehung zwischen den Beteiligten besteht?

Solche immer wiederkehrenden Fragen sind nicht nur Gegenstand individueller Überlegungen, sondern auch der Forschung verschiedener Disziplinen, wobei der Psychologie eine besondere Bedeutung zukommt. Das ist auch naheliegend, da psychische Faktoren wie Motive und Einstellungen unser Schenkverhalten beeinflussen und Geschenke bei Gebern und Empfängern erhebliche kognitive und emotionale Prozesse auslösen, die sich nicht selten nachhaltig auf die Beziehungen im familiären und sozialen Netzwerk auswirken. Die internationale psychologische Schenkforschung hat sich in den letzten Jahren quantitativ stark entwickelt und in einer Vielzahl empirischer Studien auf differenzierte Weise das Schenkverhalten und die psychischen Begleiterscheinungen bei Gebern und Empfänger untersucht. Auf diese Weise trägt sie wesentlich dazu bei, die Komplexität des Schenkprozesses besser zu verstehen. Nicht alle Fragen sind bisher definitiv beantwortet und können dies auch kaum sein. Vielfach klingen Antwort sinngemäß wie „Es kommt darauf an", aber die Forschungsergebnisse helfen uns zu verstehen, worauf es ankommt. Ziel dieses Buches ist, hierzu einen Beitrag zu leisten, indem es in knapper Form einen Einblick in den aktuellen Forschungsstand gibt.

Die Präsentation von Erkenntnissen der psychologischen Schenkforschung wird hier ergänzt durch

Textauszüge zu Schenkepisoden aus der belletristischen Literatur. Diese sind nicht nur als illustrierende Beigabe zu verstehen, wie ein nettes Kärtchen zum Geschenk, sondern sie dienen ganz wesentlich dem Verständnis der psychischen Vorgänge. Wenn in wissenschaftlichen psychologischen Studien die Begeisterung oder Verärgerung über ein Geschenk gemessen wird oder das Opfer, das Schenkende auf sich nehmen, dann geschieht das mit Hilfe von Antwortskalen. Damit erfolgt nicht nur eine methodisch notwendige „Verdrängung des Wortes durch die die Zahl", wie ich es in „Wenn Thomas Mann Ihr Kunde wäre" beschreibe, sondern auch ein Verschwinden des Erlebens. Und es ist gerade dieses Erleben, das die Literatur in künstlerischer Form auf meisterhafte Weise erfasst. In Thomas Manns Beschreibung der Bescherung am Weihnachtsabend im Hause Buddenbrook kann man unmittelbar nachempfinden, wie es sich anfühlt, wenn ein kindlicher Wunschtraum in Erfüllung geht. Bei Thomas Bernhard spürt man die lebenslange unbändige Wut, die falsche Geschenke auslösen können, und bei O'Henry erlebt man geradezu mit, was es heißt und was es bewirkt, wenn Liebende für ein Geschenk das opfern, was ihnen besonders wichtig ist. Insofern hilft uns Literatur unser Fühlen und Verhaltens als Geber und Empfänger von Geschenken nachzuvollziehen und zu verstehen. Sie macht damit auch die wissenschaftlichen Erkenntnisse auf umfassende Weise verständlicher. Das ist das Geschenk der Literatur an uns – und an die Forschung.

Prof. Dr. Bernd Stauss

Inhaltsverzeichnis

1

Schenken: Freude, Pflicht und Frust

„Ja, is denn heut schon Weihnachten?", fragt Franz Beckenbauer Ende der 90er Jahre in einem vorweihnachtlichen Werbespot eines Mobilfunkunternehmens, eine Frage, die inzwischen den Status eines ‚Geflügelten Wortes' hat (Wortbedeutung 2021). Im Spot ist der ehemalige Fußballspieler und Teamchef der Nationalelf überrascht, weil ihm eine Geschenkpackung (‚Free & Easy X-mas Set') vom himmlischen Schlitten des Santa Claus in die Hände fällt. Werblich kommuniziert wird die Freude des reichen Prominenten, den man den ‚Kaiser' nennt, über ein Geschenk und damit die zu erwartende Freude all derer, die das Glück haben werden, zu Weihnachten dieses Handy als Geschenk zu erhalten.

Die Frage „Is denn schon Weihnachten?" ist allerdings nicht allein im Hinblick auf eine unerwartete, eigentlich zu frühe Bescherung zu interpretieren. Sie zielt auch auf den merkwürdigen Sachverhalt, dass viele in jedem Jahr wieder überrascht feststellen, dass das Weihnachtsfest kurz

© Der/die Autor(en), exklusiv lizenziert durch Springer-Verlag GmbH, DE, ein Teil von Springer Nature 2021
B. Stauss, *Das perfekte Geschenk,*
https://doi.org/10.1007/978-3-662-63620-6_1

bevorsteht. Dies ist eine Überraschung, die selbst überrascht angesichts der Tatsache, dass das Feiertagsdatum jedem und seit jeher bekannt ist und die Weihnachtsartikel schon seit Wochen, wenn nicht Monaten, in allen Medien intensiv umworben sind und sich in den Regalen des Einzelhandels stapeln. Hier löst die Frage nicht Freude aus, sondern Druck: „Immer noch nicht alle Geschenke zusammen" – „Die Zeit wird knapp, und ich habe immer noch keine Idee". Schenken ist also nicht nur mit Freude verbunden, Schenken ist auch eine Pflicht, und nicht selten löst Schenken auch Frust aus, beispielsweise wenn das gewünschte Smartphone überhaupt nicht oder eines vom ‚falschen' Hersteller unterm Weihnachtsbaum liegt.

Anlass für diese unterschiedlichen Gefühle besteht fast immer. Denn Schenken ist ein allgegenwärtiges Phänomen in allen Kulturen und zu allen Zeiten. In Ländern mit christlicher Tradition spielt das **Weihnachtsfest** natürlich eine besondere Rolle. Es ist seit langem der größte und wichtigste Konsumanlass für Geschenke. In Deutschland beläuft sich der Umsatz des Einzelhandels im Weihnachtsgeschäft des Jahres 2020 auf 103,9 Mrd. €. Und da geht es nicht in erster Linie um Weihnachtsartikel wie die 100 Mio. Schoko-Weihnachtsmänner und Nikoläuse, die die deutsche Süßwarenindustrie an den Handel ausgeliefert hat, oder die etwa 30 Mio. Weihnachtsbäume (Statista 2021c, S. 13, 26), sondern vornehmlich um Geschenke. Durchschnittlich 281 € planten die befragten deutschen Verbraucher für Weihnachtsgeschenke in dem Jahr auszugeben (Statista 2021c, S. 43), in der Schweiz (327 CHF) und Österreich (364 €) lagen die Werte noch höher (Statista 2021a, S. 23, 2021b, S. 12).

Auch wenn die Weihnachtssaison einen kommerziellen Höhepunkt darstellt und in manchen Branchen – wie denen für Spielsachen und Bücher – in Deutschland etwa ein Viertel des Jahresumsatzes ausmacht (Statista 2021c,

S. 2 f.), die **ökonomische Bedeutung des Schenkens** geht noch weit darüber hinaus. Denn geschenkt wird ja nicht nur zur Weihnachtszeit, sondern während des ganzen Jahres: zu großen Anlässen des Lebens, zu Geburt und Taufe, Kommunion und Konfirmation, zum Schulanfang und bestandenem Examen, zu Verlobung und Hochzeit, zu Geburtstagen, insbesondere den runden und halbrunden, zu Muttertag und Vatertag, zu Jubiläen, als Mitbringsel bei Einladungen und Krankenbesuchen oder als Dankeschön für einen erwiesenen Gefallen. Oder auch einfach nur so. Schenken begleitet uns also durchs Jahr, und durch unser ganzes Leben, vom pränatalen ,Babyshower', einer ursprünglich US-amerikanischen Tradition einer speziellen Party, auf der es für die werdende Mutter und das erwartete Baby Geschenke regnet, bis nach dem Tod, wo zum Begräbnis Blumen, Gestecke, Kränze oder Geld zur Unterstützung der Hinterbliebenen geschenkt oder ein Betrag im Namen des Verstorbenen an explizit benannte gemeinnützige Institutionen gespendet wird (Belk 1979). Trotz der Tatsache, dass wir in einer Überflussgesellschaft leben und sich viele fast alles, und zwar sofort, kaufen können, hat das Schenken nicht an Bedeutung eingebüßt, zumal es die Wirtschaft auch noch verstanden hat, weitere Geschenkanlässe wie den Valentinstag zu erfinden. Schenken ist somit ein „Konsumgenerator" (Bögenhold 2016, S. 33), ein bedeutender Wirtschaftsfaktor, dessen jährlicher Gesamtumsatz schon vor Jahren von der Gesellschaft für Konsumforschung auf 27 Mrd. € geschätzt wurde (Messe Frankfurt 2012, S. 6).

Was aber ist genau unter einem **Geschenk** zu verstehen? Ganz allgemein handelt es sich dabei um eine Gabe, die freiwillig einem anderen gewährt wird, ohne dafür direkt etwas zu verlangen – auch wenn damit durchaus Erwartungen an eine zukünftige Gegenleistung, einen sozialen oder psychologischen Nutzen oder eine Veränderung der Beziehung verbunden sein können (Komter und Vollebergh 1997). Als Geber und Empfänger kommen grundsätzlich jeweils Individuen, Gruppen oder Organisationen in Frage; bei den Gaben kann es sich um gekaufte oder selbst gemachte Produkte, Geld oder Gutscheine, Dienste, aber auch um Blut, Organe oder Spenden handeln (Belk 1979). Je nach Art von Gebern, Empfängern und Gaben können somit sehr verschiedene Formen vorliegen, sodass es sinnvoll ist, eine Konkretisierung und Eingrenzung vorzunehmen.

Für die folgenden Betrachtungen wird ein enges, auf persönliche Beziehungen beschränktes Verständnis zugrunde gelegt, eine Definition, die von Davies et al. (2010) als (privat-) „**relational**" bezeichnet wird. Geber und Empfänger sind jeweils individuelle Personen oder allenfalls kleine Gruppen privater Familien- oder Freundeskreise. Als Gaben werden nur käuflich erworbene oder selbst erstellte Produkte und Dienstleistungen, Geld und Gutscheine betrachtet. Mit dem Hinweis auf den privaten Charakter der Beziehungen wird zudem deutlich gemacht, dass kommerziell orientierte Geschenke unter Geschäftspartnern (‚Werbegeschenke') unberücksichtigt bleiben. Diese haben zwar insofern auch einen ‚relationalen' Charakter, weil sie etwa im Rahmen des Kundenbeziehungsmanagements (Customer Relationship Management) zur Pflege persönlicher Beziehungen eingesetzt werden, doch die damit verbundene Zielsetzung ist eben nicht privat, sondern ganz überwiegend geschäftlich motiviert.

Mit diesem Fokus auf den Bereich der persönlichen Beziehungen erfolgt eine Abgrenzung zum weiten – „**transaktionalen**" – Verständnis (Davies et al. 2010), das institutionelle Geber und Empfänger sowie eine Vielzahl weiterer Arten von Gaben einbezieht. Hier zählen zu den

Geschenken auch Spenden für gemeinnützige, soziale oder politische Organisationen bzw. unbekannte Dritte, Mäzenatentum, Stiftungen, ehrenamtliche Tätigkeiten, Blut- und Organspenden, Sharing in sozialen Netzwerken, aber auch Gaben an sich selbst (Selbstgeschenke). Auch wenn es plausibel ist, dass einige Erkenntnisse zum privat-relationalen Schenkverhalten für die Untersuchung dieser genannten Sachverhalte sinnvoll herangezogen werden können, so sind diese doch so unterschiedlich und spezifisch, dass sie jeweils einer gesonderten Betrachtung bedürfen und hier zu vernachlässigen sind.

Dass Schenken in diesem privat-relationalen Verständnis von hoher ökonomischer Bedeutung ist, wurde bereits gezeigt. Es ist aber auch ein grundlegendes **soziales Phänomen**, und zwar in allen Kulturkreisen und zu allen Zeiten. Das jeweilige soziale Normensystem bestimmt die Pflichten und die Handlungsspielräume von Geber und Nehmer sowie die damit verbundenen psychologischen Konsequenzen. Angesichts dieser Bedeutung ist es auch kein Wunder, dass sich die wissenschaftliche Forschung in verschiedenen Disziplinen mit dem Thema befasst: Anthropologie und Ethnographie, Ökonomie und Soziologie, Psychologie und Konsumverhaltensforschung, um nur die wichtigsten zu nennen (Otnes und Beltramini 1996).

Wesentliche frühe Impulse verdankt die Forschung der Ethnographie und Anthropologie, die sich mit Fragen der sozialen Organisation und kulturellen Ausprägung abgegrenzter Gesellschaften aus der Sicht der ihr Angehörenden befasst. Der französische Ethnograph und Soziologe Marcel Mauss (2013), der als Begründer der wissenschaftlichen Schenkforschung gilt, hat das Schenken in verschiedenen frühzeitlichen Gesellschaften untersucht und bereits in den 20er Jahren des letzten Jahrhunderts seine Erkenntnisse zur Frage veröffentlicht, welche Funktionen das Schenken in diesen Gesellschaften erfüllt.

In seiner Analyse des Schenkverhaltens früher Gesellschaften kommt Mauss zu dem Schluss, dass es **drei Typen von Verpflichtungen** gibt, die ein System der Gegenseitigkeit dauerhaft aufrechterhalten: Die Verpflichtung des Gebens, die Verpflichtung des Annehmens und die Verpflichtung zum Erwidern.

Die Pflicht des Gebens besagt, dass wir zwar freiwillig schenken, aber uns schon aufgrund gesellschaftlicher Normen zum Schenken verpflichtet fühlen. Das galt in frühzeitlichen Gesellschaften, gilt aber auch heute. Moderne amerikanische Männer sehen es als ihre Pflicht an, ihrer geliebten Partnerin zum Valentinstag ein Geschenk zu machen (Rugimbana et al. 2003). Und bei Einladungen zu einem Geburtstagsfest oder zum Weihnachtsabend kein Geschenk mitzubringen, stellt eine arge Verletzung dieser Verpflichtung dar.

Genauso bindend ist die zweite Pflicht, ein **Geschenk anzunehmen**. In archaischen Gesellschaften kommt die Ablehnung eines Geschenks einer Kriegserklärung gleich (Mauss 2013, S. 37). Aber auch in unserer Gesellschaft stellt die Weigerung, ein Geschenk zum Geburtstag oder zu Weihnachten anzunehmen, einen besonders unfreundlichen, ja brüskierenden Akt dar.

Jede Annahme eines Geschenkes erzeugt eine Art Spannung, ein Gefühl der Abhängigkeit vom Schenker. Dieses lässt sich allein dadurch reduzieren bzw. auflösen, indem die dritte Pflicht erfüllt wird, nämlich die **Verpflichtung zum Erwidern** durch ein Gegengeschenk. Beim gegenseitigen Beschenken am Heiligen Abend kann diese Spannung unmittelbar aufgelöst werden, weil die Verpflichtung zur Rückzahlung sofort erfüllt wird. Bei anderen Geschenksituationen, wie beispielsweise der Einladung zu einem Abendessen, ist die Spannung nur durch eine spätestens bei der Verabschiedung ausgesprochene Gegeneinladung auszugleichen. Allerdings erwartet der zuerst Eingeladene beim ‚Gegenessen' auch ein Gastgeschenk, wenn er beim vorherigen Treffen selbst eines mitgebracht hat. Auch gelingt die vollständige Auflösung der Spannung nur, wenn Geschenk und Gegengeschenk in einem wertmäßig ausgeglichenen bzw. angemessenen Verhältnis stehen.

Diese dritte Norm, dass sich beim Schenken Geben und Nehmen in etwa die Waage halten sollten, wird als **Reziprozitätsregel** bezeichnet. Jeder Empfänger eines Geschenks kennt sie. Er weiß, dass er sich mit der Entgegennahme ‚verschuldet', dass er ‚zurückzahlen' muss, und er weiß, dass auch der Geber weiß, dass er dies weiß. Das heißt, alle Beteiligte kennen diese Regel, die aber eine Art offenes Geheimnis bleibt, weil ihre explizite Formulierung tabu ist (Bourdieu 2005, S. 142). Auf diese Reziprozitätsregel wird im nächsten Kapitel ausführlich eingegangen. Hier ist zunächst der Pflichtcharakter des Schenkens und Gebens noch genauer zu betrachten.

Denn die Verpflichtung zum Schenken heißt ja nicht, dass diese erfüllt ist, wenn man irgendetwas übergibt. Ganz im Gegenteil: Wenn man mit dem Geschenk Freude bereiten will, bedarf es des ‚richtigen' Geschenks. Gesucht wird häufig sogar das **perfekte Geschenk**, das Belk (1996) mit Hilfe von Eigenschaften beschreibt, die zeigen, dass er dabei auch Motivation und Verhalten des Gebers sowie Erwartungen und Reaktionen des Empfängers mit einbezieht: Das perfekte Geschenk soll begeistern, luxuriös sein, indem es über das bloß Notwendige hinausgeht, überraschen oder auf andere Weise einzigartig auf die Wünsche des Empfängers, den Anlass und die Beziehung maßgeschneidert sein und vom Geber besondere Mühen bzw. Opfer verlangen.

Das gelingt natürlich nicht immer oder sogar nur selten, aber die Normen eines perfekten oder zumindest richtigen Geschenks bestimmen die Überlegungen des Gebers bei der Produktion von Geschenkideen und seiner Auswahlentscheidung, aber auch die Reaktion des Empfängers bei der Bewertung des tatsächlich erhaltenen Geschenks (Sherry et al. 1992, 1993).

Damit wird schon deutlich, dass das Schenken nicht einen Moment darstellt, sondern einen mehrstufigen, komplexen **Prozess** umfasst. Verschiedene Autoren entwickeln **Stufenmodelle** dieses Prozesses mit aufeinanderfolgenden Phasen. Wooten und Wood (2004) unterteilen den Gesamtprozess in dramaturgische Akte und zeigen, dass Geber und Empfänger in jedem Akt verpflichtet sind, ihre Rollen richtig zu spielen. Am einflussreichsten erweist sich allerdings die Prozesseinteilung von Sherry (1983) in die Phasen der „Gestation" (Reifezeit), „Prestation" (Vorstellung) und „Reformulation" (Neufassung). In Anlehnung an dieses Konzept wird hier – sprachlich verständlicher – zwischen den Phasen oder Akten der ‚Vorbereitung', ‚Übergabe' und ‚Verwendung' unterschieden.

Der **erste Akt**, ‚Vorbereitung', umfasst alle Aspekte, die der Übergabe und dem Empfang des Geschenks vorausgehen. Auf Seiten des **Gebers** geht es hier um die anzustellenden Überlegungen hinsichtlich möglicher Erwartungen und Wünsche des Empfängers, die internen und externen Suchaktivitäten und die Abwägung von Alternativen, auch unter Berücksichtigung der eigenen Motive, Erwartungen und finanziellen Ressourcen. Dazu kommen die Geschenkentscheidung, der Kauf und die Aufbereitung des erworbenen Produktes zum Geschenk. Natürlich hat er dabei vielfältige Normen zu beachten. Er muss die Interessen und den Geschmack des Empfängers kennen und beachten. Ansonsten zeigt ihm dessen spontane und/oder spätere Reaktion, dass er sein Ziel verfehlt und eindeutige soziale Normen verletzt hat. Das zu übergebene Objekt muss also angemessen sein, es muss aber auch den vorgeschriebenen Charakter eines Geschenks aufweisen: Der Geber hat vor der Übergabe Preisschilder zu entfernen oder zu überkleben, die Geschenke müssen richtig verpackt und eventuell mit besonderen Karten oder Aufklebern beschriftet werden (Belk und Coon 1993). Selbst wenn eine Flasche Wein als Gastgeschenk als angemessen und richtig bewertet wird, erscheint es unangebracht, diese ohne Tragetasche oder andere Verpackung einem Gastgeber in die Hand zu drücken. Im Spezialfall Blumengeschenk gilt dagegen eine andere Norm, da ist die Papierverpackung vor der Übergabe zu entfernen, es sei denn, es handelte sich um eine Papiermanschette.

Auch die späteren **Empfänger** haben bereits in der Vorbereitungsphase Verpflichtungen, insbesondere wenn zwischen den Beteiligten häufige soziale Kontakte bestehen. Sie müssen Signale hinsichtlich ihrer Geschenkerwartungen geben. Dies kann durch explizite Nennung eines eindeutigen Wunsches erfolgen oder durch subtile Hinweise, die dem Geber die Chance lassen, die vermeintlich ‚geheimen‘ Wünsche zu erraten und Handlungsspielraum für die konkrete Geschenkalternative lassen. Zugleich muss der potenzielle Empfänger die Erwartungen und Ressourcen des Gebers reflektieren, um zu vermeiden, dass bereits in dieser Phase Frust aufkommt. Wenn Geber durch die Signale des Empfängers den Eindruck erhalten, es mit einem besonders anspruchsvollen, schwer zufriedenzustellenden oder anderweitig schwierigen Empfänger zu tun zu haben (Otnes et al. 1993), dominieren schon im ersten Akt die negativen Emotionen.

Im **zweiten Akt**, ‚**Übergabe**‘, geht es um den Austausch selbst, Geben und Empfangen, und die sich dabei abspielenden interpersonellen Kommunikationsdynamiken. Gerade die persönliche Übergabe ist immer mit einem Mindestmaß ritueller oder zeremonieller Aktivitäten verbunden (Sherry 1983), und es gilt, die Normen der verbalen und nonverbalen Kommunikation einzuhalten. Der **Geber** hat das Geschenk mit einer persönlichen Anrede – gegebenenfalls unter Bezugnahme auf den Anlass – zu überreichen („Dies ist für Dich"; „Herzlichen Glückwunsch zum Geburtstag"; „Vielen Dank für die Einladung"). Auch hat er den Moment des Auspackens mit Aufmerksamkeit zu verfolgen (Belk und Coon 1993).

Der **Beschenkte** decodiert bei der Übergabe die mit dem Geschenk verknüpften Botschaften, die Wertigkeit und Wertschätzung, die im Geschenk selbst, in Art und Sorgfalt der Verpackung und im Stil der Überreichung zum Ausdruck kommen. Und unabhängig davon, welche positiven oder negativen Emotionen diese Botschaften auslösen, steht der Empfänger in jedem Fall in der Pflicht, richtig zu reagieren. Dazu gehört, zunächst Vorfreude zu zeigen, und nachdem man genau erkennt, um was es sich bei dem Geschenk handelt, überrascht, erfreut, begeistert und dankbar zu reagieren. Und zwar nicht nur in Worten, sondern auch in der Körpersprache. Die Mimik muss den Worten entsprechen. Eine Entgegennahme einer Flasche Wein muss mit interessierten Nachfragen und Herzeigen verknüpft werden und darf nicht durch achtloses Wegstellen begleitet sein. Je geringer die tatsächliche Freude des Empfängers ausfällt, desto besser muss seine schauspielerische Leistung in diesem Akt sein, weil er ansonsten dem Geber signalisiert, dass das Geschenk eigentlich unerwünscht ist oder nicht gefällt. Jede unbeteiligte oder enttäuschte Reaktion des Empfängers wird vom Geber richtig dechiffriert und kann die Beziehung genauso negativ beeinflussen, wie es das missglückte Geschenk schon aufseiten des Empfängers bewirkt.

Im **dritten Akt**, ‚Verwendung', zeigt sich, wie der Empfänger mit dem Geschenk umgeht. Wenn das Geschenk durch Konsum verschwindet, wie beispielsweise bei Lebensmitteln – etwa dem Inhalt eines klassischen Geschenkkorbs –, ist diese Phase meist unproblematisch. ‚Meist' bezieht sich auf die überwiegenden Fälle, in denen der Geschmack des Empfängers getroffen wird und nicht etwa dem Veganer eine Leberwurst und der Diabetikerin eine Pralinenschachtel geschenkt wird. Missglückte Geschenke dieser Art werden kaum vergessen. Die geglückten Geschenke dagegen erinnern beim Konsum noch einmal an den Anlass, und das Glücksgefühl beim Verzehr stärkt die Beziehung.

Eine andere Situation liegt vor, wenn es sich beim Geschenk um ein Accessoire für die Einrichtung handelt: ein Bild, eine Vase, eine Porzellanfigur, einen Fotokalender. Wenn wiederkehrende, beispielsweise familiäre Kontakte bestehen, erwartet der Geber, dass das Geschenk sichtbar bleibt oder zumindest im Wohnbereich aufbewahrt und hergezeigt werden kann. Entspricht das Geschenk dem Geschmack und den Erwartungen des Empfängers, ist der ständige Kontakt mit dem Objekt auch eine Erinnerung an den Geber, was die Beziehung stärkt. Wenn das aber nicht der Fall ist, ist das Objekt für den zur Präsentation verpflichteten Empfänger ein bleibendes und sich ständig wiederholendes Ärgernis. Wenn er sich in diesem Fall dem Ärgernis entziehen will und das Geschenkte im Kellerregal verstaut, es weiterverschenkt oder entsorgt, dann löst dies beim Geber, der sein Geschenk als unsichtbar vermisst, Enttäuschung und Ärger aus. Auch wenn die fehlende Wertschätzung vermeintlich nicht so auffällig ist, weil ein selbst gestrickter Schal nie getragen, ein Buch ungelesen im Regal bleibt oder ein persönliches Fotobuch nie mehr in die Hand genommen wird, so wird dies vom Geber doch vielfach registriert. In all diesen Fällen ist das Signal des Scheiterns des Schenkens eindeutig, und das hat Folgen. Geber und Empfänger sehen sich mit anderen Augen, die Beziehung wird geschwächt, und die Unsicherheit bezüglich des zukünftigen Schenkverhaltens steigt.

Mit diesem Schenkprozess oder ‚Schenkdrama' wird auch deutlich, wie stark unser scheinbar freiwilliges Schenken durch Regeln bestimmt ist, und es wird sich später zeigen, dass die hier erwähnten nur die Grundregeln darstellen. Deutlich wird damit auch, dass der gesamte Prozess mit **starken Emotionen** verbunden ist bzw. sein kann, starken positiven, aber auch starken negativen Gefühlen (Ruth 1996; Ruth et al. 1999, 2004).

Zu den **positiven Gefühlen** gehören vor allem Freude und Genugtuung, Zufriedenheit, Dankbarkeit und Zuneigung, und zwar bei beiden Austauschpartnern. Viele Geber freuen sich schon in der Vorbereitungsphase darauf, einem anderen mit ihrem Geschenk eine Freude zu machen. Es macht ihnen Spaß, sich in die Situation des Empfängers hineinzuversetzen, Ideen zu entwickeln und sich auf die Suche nach einem geeigneten Geschenk zu machen. Sie haben Freude am Selbermachen und Besorgen, am Verpacken und dem Schreiben von begleitenden Karten. Sie freuen sich vor allem auf das Ergebnis ihrer Aktivitäten: auf die Freude des Empfängers, wenn er das Geschenk erhält, seine Überraschung, seine Begeisterung. Und sie freuen sich in der Austauschphase besonders, wenn es ihnen wirklich gelingt, beim Empfänger Freude, Begeisterung und/oder Dankbarkeit auszulösen. Dieser wechselseitige positive emotionale Effekt verstärkt sich noch, wenn der Empfänger in der Verwendungsphase seine Freude durch den wertschätzenden Umgang mit dem Geschenk des Gebers bestätigt.

Offenbar sind aber nicht alle Menschen in gleicher Weise zur Freude beim Schenken fähig, da bestimmte **Persönlichkeitseigenschaften** des Gebers starken Einfluss darauf haben, ob Freude aufkommt und welcher Art diese Freude ist. Eine wichtige Eigenschaft ist **Empathie** bzw. Einfühlungsvermögen. Vor allem empathische Menschen sind in der Vorbereitungsphase motiviert, etwas zu erstellen oder zu finden, das beim Empfänger in dem Moment, in dem er das Geschenk erhält, ein besonders positives Gefühl auslöst. Der empathische Mensch will die Freude des Empfängers maximieren und empfindet dabei selbst „altruistische Freude" (Sherry 1983, S. 160), was es ihm auch leichtmacht, die Geschenkenormen einzuhalten.

Es gibt aber offenbar noch eine zweite – geradezu gegensätzliche – Form der Freude beim Schenken, die Sherry (1983) als „agonistisch" bezeichnet, wohl aber zutreffender mit dem Begriff ‚egoistisch' benannt werden kann. Die nur auf die eigenen Interessen ausgerichteten **Egoisten** wollen nicht primär die Freude des Empfängers, sondern die eigene Freude maximieren. Ihnen fällt es leicht, Geschenkenormen zu verletzen, solange dies der eigenen Freudesteigerung dient, beispielsweise wenn sie durch das Geschenk ihre finanzielle Überlegenheit, ihren vermeintlich überlegenen Geschmack oder ein besonderes Talent zur Schau stellen können. Diese egoistische Freude geht also auf Kosten des Empfängers und zulasten der Beziehung und wird hier auch nur noch im Zusammenhang mit missglücktem Geschenkverhalten betrachtet.

Ob Menschen eher altruistische oder agonistische Freude empfinden, ist offenbar abhängig von unterschiedlichen grundlegenden **Wertvorstellungen**. Das zeigt eine internationale Vergleichsstudie hinsichtlich des Schenkverhaltens in vier Ländern des westlichen Kulturkreises – USA, Frankreich, Deutschland und Dänemark – (Beatty et al. 1996), wobei die Ergebnisse über alle untersuchten

Länder sowie generations- und genderübergreifend konsistent sind. Mit dem altruistischen Schenken sind danach vor allem Werte verknüpft, die auf warme interpersonelle Beziehungen ausgerichtet sind; egoistisches Schenken ist dagegen für Menschen mit selbstzentrierten Werten typisch. Dementsprechend schenken Menschen mit stark beziehungsorientierten Werten häufiger und geben sich dabei mehr Mühe als diejenigen, die vor allem auf sich und ihren Spaß am Leben ausgerichtet sind.

Diese Erkenntnisse werden gestützt durch differenziertere Studien zum Einfluss von Emotionen in der Vorbereitungsphase des Schenkverhaltens, die auf dem psychologischen **Appraisal-Ansatz** der Einschätzungs- oder Bewertungstheorie basieren (Appraisal Tendency Framework; Lerner und Keltner 2000, 2001; Han et al. 2007). Die Untersuchungen von De Hooge (2014, 2017) belegen, dass die Auswirkungen von Emotionen auf die Schenkabsichten durch zwei Bewertungs-dimensionen erklärt werden können: die Valenz (Wertig-keit) der Emotion im Sinne des Ausmaßes, in dem der Geber positive oder negative Emotionen empfindet, und die Kausalität der Emotion, also die Frage, ob der Geber das emotionale Ereignis selbst oder aber der Empfänger verursacht hat (De Hooge 2014, 2017). Dabei zeigen die Studien, dass Geber ihre Schenkaktivi-täten immer verstärken, wenn sie positive Emotionen empfinden. Bei negativen Emotionen gilt das Gegen-teil, es sei denn, sie hätten diese selbst verursacht und Geschenke erscheinen in dieser Situation ein sinnvolles Instrument, die Beziehung zu bewahren und zu stärken. Zusätzlich untersuchen sie, wie die Auswirkungen der Bewertungsdimensionen Valenz und Kausalität auf das Schenkverhalten von der Persönlichkeitseigenschaft ‚Interpersonelle Orientierung' abhängen. Stark inter-personell-orientierte Geber sind hoch motiviert, zwischenmenschliche Beziehungen zu entwickeln und auszubauen sowie auf andere einzugehen, während sich Geber mit geringer interpersoneller Orientierung primär um die Maximierung des eigenen Vorteils kümmern. Betrachtet man die Forschungsergebnisse ausschnittsweise mit Bezug auf die positiven Emotionen, zeigt es sich, dass stark interpersonell-orientierte Menschen ihr Schenkverhalten bei vom Empfänger verursachten positiven Emotionen intensivieren, während bei Gebern mit geringer interpersoneller Orientierung die Kausalität der Emotion keine Rolle spielt.

Andere Studien zeigen, dass noch weitere Werthaltungen die Freude am Schenken beeinflussen, etwa Hedonismus und Selbstbestimmung (Passos et al. 2020). Nicht immer stimmen alle Forschungsergebnisse hinsichtlich solcher Einflussfaktoren völlig überein, aber Einigkeit besteht hinsichtlich der Folgen. Mehr empathische oder altruistische Freude am Schenken beeinflusst das Verhalten des Gebers in allen Phasen des Schenkprozesses: Sie steigert das Ausmaß, in dem er sich mit den potenziellen Wünschen und Erwartungen des Empfängers beschäftigt, den Umfang seiner Such- und Beschaffungsaktivitäten und seine Sorgfalt und Aufmerksamkeit bei der Geschenkübergabe.

In der Betrachtung der Pflichten, die mit dem Schenken verbunden sind, ist schon deutlich geworden, dass der Gesamtprozess keineswegs allein mit positiven Gefühlen verbunden ist. Im Gegenteil: Schenken ist emotional ein sehr ambivalentes Erleben. In ihrer Studie, die sie unter dem Titel „The dark side of the gift" veröffentlichen, lenken Sherry et al. (1993) den Blick auf einen Aspekt, der im freudigen Schein des Schenkens oft übersehen wird, nämlich die **negativen Emotionen** im Schenkprozess – ein Aspekt, dem die wissenschaftliche

Forschung zunehmende Aufmerksamkeit schenkt (Sherry et al. 1993; Ruth et al. 2004; Marcoux 2009).

In der **Vorbereitungsphase**, wo man sich die ersten Gedanken um ein passendes Geschenk macht, empfindet man häufig schon ein erhebliches Maß an Ratlosigkeit, Unsicherheit und Zweifeln. Die Verpflichtung zum Schenken löst vielfach Stress und Angst aus (Larsen und Watson 2001; Wooten 2000). Man fühlt sich überfordert, es beschleicht einen die Furcht, keine Idee für das richtige Geschenk zu haben, eine schlechte Wahl zu treffen und mit einem falschen Geschenk den Empfänger zu enttäuschen und somit als Geber zu versagen (Sherry 1983; Otnes et al. 1994; Flynn und Adams 2009). Diese negativen Emotionen können noch durch eine Vielzahl weiterer Faktoren verstärkt werden, etwa durch die Art der Beziehung. Ein Beispiel hierfür ist die Situation eines neuen Familienmitglieds, das vor der Aufgabe steht, Geschenke für Mitglieder eines ihm zunächst weitgehend unbekannten familiären Netzwerks zu finden, wo es gilt, trotz weitgehender Unkenntnis der Erwartungen, Bedürfnisse und Traditionen niemanden vor den Kopf zu stoßen. Davies et al. (2010, S. 415) beschreiben die ängstigende Lage einer neuen Ehefrau, die ein passendes Geschenk für die Schwiegermutter finden muss, während sie zudem erstmalig das Familienweihnachtsfest auszurichten hat.

Ratlosigkeit und Befürchtungen werden in der Phase der Geschenkauswahl und Beschaffung auch nicht geringer. Im Gegenteil: Insbesondere im Kontext des ‚last minute shoppings' nimmt der Druck weiter zu. Und wenn man an der Suche nach dem perfekten oder richtigen Geschenk in der Vorbereitungsphase scheitert, bleibt als Ausweg zur Reduzierung der negativen Emotionen nur die Möglichkeit, den Empfänger direkt nach seinen Wünschen zu fragen. Was in Bezug auf Kinder uneingeschränkt empfehlenswert ist, erweist sich bei

Geschenken für Erwachsende als ambivalent. Die direkte Nachfrage reduziert das Risiko einer falschen Wahl gegen Null, macht das Schenken in vielen Fällen aber für den Geber banal und langweilig, was gefühlsmäßig das positive Gefühl der Erleichterung, dem Entscheidungszwang entkommen zu sein, negativ begleitet (Sherry et. al. 1993). Zugleich bringt die Direktabfrage auch den Empfänger in eine ambivalente Gefühlslage. Auf der einen Seite wird es ihn freuen, durch die Vorgabe ein missglücktes Geschenk vermieden zu haben und einen Wunsch erfüllt zu bekommen, andererseits mag die direkte Abfrage auch als deutliches Zeichen für einen Mangel an gedanklicher Mühe des Gebers gedeutet werden und zusammen mit der fehlenden Überraschung die Freude eintrüben.

Die Erfüllung von expliziten Wünschen kann beim Geber auch aus anderen Gründen negative Gefühle auslösen, nämlich dann, wenn das gewünschte Objekt ganz gegen dessen zentrale Einstellungen, Werte und Geschmackspräferenzen verstößt. Aus der Konsumentenforschung weiß man, dass Menschen dazu neigen, Produkte für sich auszuwählen, die ihrem Selbstbild entsprechen und damit der Bestätigung der eigenen Identität dienen (Gao et al. 2009). Wenn sie nun Produkte nicht für sich kaufen, sondern als Geschenk für andere und sich an den Wünschen des Empfängers orientieren wollen, kommt es vor, dass sie abweichende Entscheidungen treffen müssen. Und in einigen Fällen sehen sie sich in der Situation, dass sie sich für Produkte entscheiden müssen, die der eigenen Identität zuwiderlaufen, wenn sie die Wünsche des Empfängers erfüllen wollen. Einem Anhänger des Fußballclubs Borussia Dortmund fällt es schwer, einen Fanartikel von Schalke 04 zu verschenken. Wer Geschirr im Bauhausstil präferiert, dem geht ein Service mit Blümchendekor gegen den Strich. Wer faktenfundierte Sachbücher bevorzugt, mag nur ungern einen

Bestseller eines populistischen Meinungsmachers verschenken.

Ward und Broniarczyk (2011) haben diese Situation am Beispiel der Wahlproblematik beim Einsatz von Wunschlisten untersucht. Diese werden von Empfängern für ein bevorstehendes Ereignis aufgestellt und enthalten einen Katalog von Produkten, die bei einem bestimmten Händler oder Online zum Kauf angeboten werden. Solche Listen sind vor allem bei Hochzeiten ein wesentlicher Bestandteil des Rituals, das es dem neuen Paar ermöglicht, mit der Konstruktion einer Familienidentität zu beginnen und dieser in Form von Geschenken Ausdruck zu verleihen (Bradford und Sherry 2013). Für den Geber reduzieren solche Wunschlisten den Aufwand der Geschenksuche, schränken allerdings auch seine Wahlfreiheit ein. Es kann daher aus verschiedenen Gründen dazu kommen, dass er gezwungen ist, etwas aus der vorgegebenen Liste zu kaufen, das seiner eigenen Identität widerspricht. Möglicherweise haben andere Geber bereits weniger problematische Geschenke ausgewählt und verbleibende Alternativen kommen aufgrund des Preises nicht infrage. Die Autoren stellen in ihren empirischen Studien fest, dass der damit erzwungene Kauf eines identitätswidrigen Geschenks für einen guten Freund vom Geber als Identitätsbedrohung wahrgenommen wird, da der Empfänger aufgrund der engen Beziehung quasi als Bestandteil des eigenen Selbst erscheint. In dieser Situation existieren für den Geber zwei widersprüchliche Kognitionen: Zum einen das Wissen, einen expliziten Wunsch des Empfängers richtig zu erfüllen, zum anderen, dass die Wahl des Geschenks nicht der eigenen Identität entspricht und er sich daher selbst falsch präsentiert. Dies führt bei den Betroffenen zu dem Bestreben, das erschütterte Selbstbild wiederherzustellen. Sie neigen daher dazu, in Folgekäufen für sich selbst besonderes

Gewicht auf identitätsstärkende Produkte zu legen. Das ändert aber nur wenig an den negativen Emotionen, die mit der Geschenkwahl verbunden sind und die sich noch verstärken, wenn die Geschenke in einem größeren Kreis unter Angabe der Geber präsentiert werden.

Damit ist bereits angesprochen, dass stark negative Emotionen natürlich auch in der **Übergabephase** auftreten können. Im Augenblick der Wahrheit, wenn das Geschenk empfangen und ausgepackt wird, können negative Emotionen wie Enttäuschung, Frustration, Ärger, Peinlichkeit oder Trauer empfunden werden, und zwar sowohl bei Gebern als auch bei Empfängern. Wie gerade angesprochen, kann für Geber schon eine quasi öffentliche Geschenkübergabe als beunruhigend empfunden werden, etwa zum Weihnachtsfest oder anlässlich einer Geburtstagsfeier, wo nicht nur der Empfänger die verschiedenen Geschenke vergleichen kann, sondern auch alle Anwesende diese vergleichenden Bewertungen anstellen. In seinem Buch „Anleitung zum Unschuldigsein" beschreibt Florian Illies eindrucksvoll, welche bedrohlichen Gedanken und negativen Emotionen sich beim öffentlichen Geschenkaustausch auf einer Geburtstagsparty einstellen können.

Florian Illies: Anleitung zum Unschuldigsein

Der Protagonist beschreibt seine Gefühle anlässlich des Besuchs eines Freundes zum Geburtstag. Die Peinlichkeit des ‚Happy Birthday-Singens' hat er schon hinter sich, aber jetzt geht es ans Auspacken:

Ist dann gesungen und man geht zum stilleren Teil des Abends über, der durch das lächerlich einfache Auspusten der Kerzen auf der Geburtstagstorte eingeläutet wird, droht die nächste Gewissensprüfung: das Öffnen der Geschenke. Schon als sehr junger Mensch bemerkte ich, dass es keine Möglichkeit gibt, dieses Auspacken unter allen Augen ohne komische Gefühle zu überstehen.

Entweder ist das Geschenk, das ich ausgesucht habe, zu intim, sodass ich nicht will, dass es alle sehen, vor allem weil ich weiß, dass es niemand verstehen würde, warum ich dem Geburtstagskind ausgerechnet dies schenke. Oder ich habe zu spät damit angefangen, ein Geschenk zu besorgen, und ich habe es dann nicht mehr rechtzeitig bekommen, dann bastele ich in letzter Sekunde einen „Gutschein", doch inzwischen schenke ich „Gutscheine" schon mit schlechtem Gewissen, weil eigentlich alle, Schenkende wie Beschenkte, wissen, dass diese Gutscheine eigentlich so gut wie nie eingelöst werden. Aber ein Gutschein für etwas Originelles war bei manchen Freunden, das kam immer auf die anderen Gäste an, noch besser als ein Buch, denn da hatte ich Angst, weil alle anderen lustige Dinge aus den Läden für lustige Dinge schenkten, jeder hielte mein Geschenk für ein typisches Brillenträgergeschenk. Schön ist es auch, wenn sich das Geburtstagskind von offenbar zwei Leuten ein Buch über Landhäuser in der Toskana gewünscht hat und man sieht, wie das Geburtstagskind gerade genau das Buch auspackt, das man ihm in zwei Minuten nochmals schenken wird.

Florian Illies: Anleitung zum Unschuldigsein, © (2002), S. Fischer Verlag GmbH, Frankfurt am Main.

Noch stärker fallen die negativen Emotionen selbstverständlich aus, wenn sich ein Geschenk als misslungen erweist, weil es dem Geschmack und den Interessen des Empfängers nicht entspricht oder gar eine unangenehme Botschaft enthält (z. B. wenn man von der Schwiegermutter einen ‚Knigge' erhält). Es besteht zwar die starke soziale Norm für Empfänger, diese negativen Gefühle zu unterdrücken und zu verschleiern, aber das ändert nichts an ihrer häufig andauernden Existenz und ihren Folgewirkungen auf die Beziehung. Das gleiche gilt für die Enttäuschung des Gebers, dem trotz aller Bemühungen des Empfängers, seine negativen Gefühle zu kontrollieren, nicht entgeht, dass sein gut gemeintes Geschenk missglückt ist, und der diesen Misserfolg in seinem Langzeitgedächtnis speichert (Sherry et al. 1993).

Gleichgültig, ob das Geschenk spontan erfreut oder nicht, so ist der Moment des Empfangs auch der Zeitpunkt, zu dem häufig das Bewusstsein einer eingegangenen Verpflichtung einsetzt und die Reziprozitätsregel beginnt, auf die Psyche des Empfängers einzuwirken. Diese Ambivalenz ist es, die den italienischen Soziologen Pierpaolo Donati (2003, S. 246) dazu veranlasst, auf eine Kuriosität im Wortschatz der indogermanischen Sprachen hinzuweisen: „the word *gift* has a dual semantic content which in English means to give freely but in German has taken on the meaning of 'poison'". Dies ist das Gift der negativen Gefühle, ungewollt in ein Abhängigkeits- und Schuldverhältnis gedrängt worden zu sein (Ruth et al. 1999). Das kann so weit gehen, dass Empfänger die Annahme des Geschenkes als so belastend ansehen, dass sie nach Möglichkeiten suchen, sich zu entgiften und möglichst bald aus der ‚Zwangsjacke der sozialen Erwartungen' (Marcoux 2009, S. 671) zu fliehen.

Auch die **Verwendungsphase** kann mit kurzfristigen und langfristigen negativen Emotionen verbunden sein. Scheinbar kurzfristig sind die Enttäuschungen über ein falsches Geschenk, wenn die Entscheidung revidiert werden kann, beispielsweise durch Rückgabe oder Umtausch mit freier Neuwahl durch den Empfänger. Im Online-Handel ist dies bei kurzfristiger Bestellung vor dem Verschenken kein Problem, da grundsätzlich eine Widerrufsfrist von 14 Tagen besteht. Der stationäre Einzelhandel bietet in der Regel aus Kulanzgründen die Möglichkeit eines Umtauschs an, und die Tage nach dem Weihnachtsfest schienen lange Zeit geradezu für Rückgabe und Umtausch unerwünschter Geschenke reserviert (Caplow 1984, S. 1313). Allerdings sinkt seit einiger Zeit die Umtauschquote angesichts der Zunahme von Geld- und Gutscheingeschenken – auf derzeit ca. 5 % über alle

Sortimente hinweg (HDE 2020). Bei den rückgebenden oder umtauschenden Empfängern dominiert in der Regel die Erleichterung, eine Falschlieferung korrigiert zu haben, aber sie werden die Freude über das neu erstandene Produkt kaum oder gerade nicht mit dem Geber dankbar in Verbindung bringen. Bei diesem bleibt sowieso das eigene Fehlverhalten belastend in Erinnerung.

Noch problematischer sind die Folgen für den Empfänger, wenn ein ungeliebtes Geschenk aufgrund bestimmter, meist familiärer Rücksichtnahmen nicht rückgängig gemacht werden kann und im Wohnumfeld als permanenter Ärgerfaktor sichtbar bleibt. Zumindest mittelfristig wird ein solches Geschenk in der Regel doch dem alltäglichen Blickfeld entzogen, landet im Keller und wird dort oft noch lange im Besitz behalten, bevor es weggeworfen oder zerstört wird (Rucker et al. 1992). Aber missglückte Geschenke sind selbst dann noch lange nicht völlig aus dem Gedächtnis entsorgt und verschwinden nicht einfach. Spätestens wenn eine neue Geschenkrunde ansteht, ist es sehr wahrscheinlich, dass die Erinnerung an das enttäuschende Erlebnis wieder auftritt (Marcoux 2009).

Eine scheinbar sinnvolle Alternative zu dieser Wertvernichtung läge darin, die unerwünschten Geschenke an andere Menschen weiterzugeben, die sie vielleicht mehr zu schätzen wissen. Obwohl Einiges für diesen Gedanken spricht, weil es sich um eine nachhaltige, ressourcenschonende und werterhaltende Maßnahme handelt, so ist sie doch weitgehend verpönt, ja stellt geradezu ein soziales normatives Tabu dar (Adams et al. 2012). Der Grund liegt in der plausiblen Annahme, dass diese Weitergabe vom ursprünglichen Geber als beleidigend, verletzend und als Ausdruck mangelnder Wertschätzung empfunden wird, da der Beschenkte „nicht das Geschenk missachtet, sondern auch den Geber" (Schmied 2006, S. 68). Im Wissen darum verzichten viele Empfänger aufs Weiterverschenken oder entscheiden sich dafür mit einem schlechtem Gewissen und Gefühlen der Undankbarkeit und Schuld bzw. wählen diese Alternative erst mit gebührendem Zeitabstand, wo die negativen Gefühle abgeklungen sind.

Adams et al. (2012) gehen allerdings davon aus, dass hinsichtlich der Einschätzung des Weiterverschenkens eine Asymmetrie in den Vorstellungen von Geber und Empfänger besteht. Sie vermuten, dass Empfänger die negativen Reaktionen der Schenkenden überschätzen, also fälschlicherweise die Erwartungen des Gebers, dass ihre Geschenke gewürdigt werden, als stärker vermuten, als sie tatsächlich sind. Die empirischen Ergebnisse ihrer Studien bestätigen die Annahme, dass Empfänger das Weiterverschenken als anstößiger empfinden als die Geber und dass Empfänger das Ausmaß, in dem sich Geber durch ein Weiterverschenken beleidigt fühlen, als zu hoch einschätzen. Zudem halten Empfänger das Weiterverschenken für genauso anstößig wie das Zerstören oder Wegwerfen des Geschenks, während Geber diese Verhaltensweisen eindeutig als beleidigener empfinden.

Diese Ergebnisse sind argumentativ gut nachvollziehbar und empirisch belegt. Es sollten aber keine vorschnellen Schlüsse daraus gezogen werden. Dass Empfänger die negative Einschätzung der Geber überschätzen, heißt noch lange nicht, dass diese negative Einschätzung der Geber irrelevant ist. Zudem bleiben wesentliche Einflussfaktoren unberücksichtigt, etwa die Enge der Beziehung zwischen den Beteiligten und die Art des Geschenks. So ist es denkbar, dass gerade bei sehr engen Verwandtschafts- und Freundschaftsbeziehungen das Weiterverschenken als besonders verletzend empfunden wird, insbesondere wenn es sich um Geschenke mit hohem symbolischem Wert handelt, die vom Schenken große Opfer verlangt haben (wie Schmuck) oder mit viel Mühe persönlich erstellt wurden (wie ein selbst gestrickter Schal). Hier wird die durch Weiterverschenken signalisierte Nichtachtung mit Sicherheit nicht nur zu negativen Emotionen beim Geber führen, sondern zu einer Belastung der Beziehung insgesamt. Das berücksichtigen auch Initiativen für spezielle Weiterverschenktage, die dazu beitragen sollen, das Weitergeben zu erleichtern und akzeptabler zu machen. So wird in den Etikette-Regeln für den National Regifting Day in den USA nachdrücklich empfohlen, kein Geschenk weiterzuverschenken, das für den originären Schenker von besonderer Bedeutung war oder selbstgemacht bzw. personalisiert ist. Zudem wird davon abgeraten, das Geschenk an den originären Schenker zurückzuschenken (!) (National Day Calender 2020).

Selbst wenn sich Empfänger an solche Regeln halten und auch sicher sein können, dass der Geber von der Weitergabe nichts erfahren kann bzw. diese sogar gutheißt, sollte man diese Handlungsweise nicht allein mit der rosaroten Brille der Nachhaltigkeit und Werterhaltung betrachten. Zum einen sind viele Empfänger in erster Linie froh, das ungeliebte Geschenk loszuwerden und die Weitergabe begleitet das positive Gefühl der Erleichterung mit dem schönen Gefühl der vermeintlich guten Tat. Doch oft geht es ihnen nicht darum, anderen eine Freude zu machen, sondern Opfer zu finden. Daher wählen sie vielfach für die Weitergabe Personen aus, auf die sie herabsehen, beispielsweise weil sie einen niedrigeren sozialen Status haben und meinen, für diese seien die Produkte geeignet, wobei sie möglicherweise die Perspektive des ursprünglichen Gebers einnehmen. Auch wählen sie eine Situation, in der sie aufgrund des Statusunterschiedes keine Reziprozität erwarten. Damit können sie verhindern, dass sie als Gegenleistung für das unerwünschte Geschenk ein vergleichsweise missglücktes Objekt erhalten (Sherry et al. 1992).

Literatur

Adams G et al (2012) The gifts we keep on giving: documenting and destigmatizing the regifting taboo. Psychol Sci 23(10):1145–1150

Beatty SE et al (1996) An examination of gift-giving behaviors in four countries. In: Otnes C, Beltramini RF (Hrsg) Gift giving: a research anthology. Bowling Green State University Popular Press, Bowling Green, S 19–36

Belk RW (1979) Gift giving behavior. In: Sheth JN (Hrsg) Research in marketing, Bd 2. JAI Press, Greenwich, S 95–126

Belk RW (1996) The perfect gift. In: Otnes C, Beltramini RF (Hrsg) Gift giving: a research anthology. Bowling Green State University Popular Press, Bowling Green, S 59–85

Belk RW, Coon GS (1993) Gift giving as agapic love: an alternative to the exchange paradigm based on dating experiences. J Consum Res 20(3):393–417

Bögenhold D (2016) Schenken als Konsumgenerator. In: ders.: Konsum: Reflexionen über einen multidisziplinären Prozess. Springer VS, Wiesbaden, S 33–36

Bourdieu P (2005) Die Ökonomie der symbolischen Güter. In: Adloff F, Mau S (Hrsg) Vom Geben und Nehmen. Zur Soziologie der Reziprozität. Campus Verlag, Frankfurt a. M., S 139–155

Bradford TW, Sherry JF (2013) Orchestrating rituals through retailers: an examination of gift registry. J Retail 89(2):158–175

Caplow T (1984) Rule enforcement without visible means: Christmas gift giving in Middletown. Am J Sociol 89(6):1306–1323

Davies G et al (2010) Gifts and gifting. Int J Manage Rev 12(4):413–434

De Hooge IE (2014) Predicting consumer behavior with two emotion appraisal dimensions: emotion valence and agency in gift giving. Int J Res Mark 31(4):380–394

De Hooge IE (2017) Combining emotion appraisal dimensions and individual differences to understand emotion effects on gift giving. J Behav Decis Making 30(2):256–269

Donati P (2003) Giving and social relations: the culture of free giving and its differentiation today. Int Rev Sociol – Revue Internationale de Sociologie 13(2):243–272

Flynn FJ, Adams GS (2009) Money can't buy love: asymmetric beliefs about gift price and feelings of appreciation. J Exp Soc Psychol 45(2):404–409

Gao L et al (2009) The ‚shaken self': product choices as a means of restoring self-view confidence. J Consum Res 36(1):29–38

Han S et al (2007) Feelings and consumer decision making: the appraisal-tendency framework. J Consum Psychol 17(3):158–168

HDE Handelsverband Deutschland (2020) Weihnachtsgeschenke im Lockdown: Regelungen für Gutscheine und Umtausch. https://einzelhandel.de/presse/aktuellemeldungen/13103-weihnachtsgeschenke-im-lockdown-regelungen-fuer-gutscheine-und-umtausch. Zugegriffen: 10. Febr. 2021

Illies F (2002) Anleitung zum Unschuldigsein. S. Fischer Verlag, Frankfurt a. M.

Komter A, Vollebergh W (1997) Gift giving and the emotional significance of family and friends. J Marriage Fam 59(3):747–757

Larsen D, Watson JJ (2001) A guide map to the terrain of gift value. Psychol Mark 18(8):889–906

Lerner JS, Keltner D (2000) Beyond valence: toward a model of emotion-specific influences on judgement and choice. Cogn Emot 14(4):473–493

Lerner JS, Keltner D (2001) Fear, anger, and risk. J Pers Soc Psychol 81(1):146–159

Marcoux J-S (2009) Escaping the gift economy. J Consum Res 36(4):671–685

Mauss M (2013) Die Gabe. Form und Funktion des Austauschs in archaischen Gesellschaften, 10. Aufl. Suhrkamp Verlag, Frankfurt a. M.

Messe Frankfurt (2012) Management Report ‚So schenkt Deutschland'. https://ambiente.messefrankfurt.com/content/dam/messefrankfurt-redaktion/ambiente/general/management-reports/2017/manrep-schenken-deutschland.pdf. Zugegriffen: 08. Febr. 2021

National Day Calender (2020): National re-gifting day – Thursday before Christmas. https://nationaldaycalendar.com/national-re-gifting-day-thursday-before-christmas/. Zugegriffen: 10. Febr. 2021

Otnes C, Beltramini RR (1996) Gift giving and *gift giving*: an overview. In: Otnes C, Beltramini RF (Hrsg) Gift giving: a research anthology. Bowling Green State University Popular Press, Bowling Green, S 3–15

Otnes C et al (1993) Gift selection for easy and difficult recipients: a social roles interpretation. J Consum Res 20(2):229–244

Otnes C et al (1994) In-laws and outlaws: the impact of divorce and remarriage upon Christmas gift exchange. Adv Consum Res 21:25–29

Passos SC et al (2020) Personal values and gift giving act: a proposed connection. Estudios Gerenciales 36(155):218–228

Rucker MH et al (1992) Thanks but no thanks: rejection, possession and disposition of the failed gift. Adv Consum Res 19:488

Rugimbana R et al (2003) The role of social power relations in gift giving on Valentine's day. J Consum Behav 3(1):63–73

Ruth JA (1996) It's the feeling that counts: toward an understanding of emotion and its influence on the gift-exchange processes. In: Otnes C, Beltramini RF (Hrsg) Gift giving: a research anthology. Bowling Green State University Popular Press, Bowling Green, S 195–214

Ruth JA et al (1999) Gift receipt and the reformulation of interpersonal relationships. J Consum Res 25(4):385–402

Ruth JA et al (2004) An investigation of the power of emotions in relationship realignment: the gift recipient's perspective. Psychol Mark 21(1):29–52

Schmied G (2006) „Expansion des Ich, das sich…im Schenken ausströmt". Identität, Funktion, Status, Gefühl als soziologische Komponenten des Schenkens. In: Rosenberger M et al (Hrsg) Geschenkt – umsonst gegeben? Gabe und Tausch in Ethik, Gesellschaft und Religion. Peter Lang, Frankfurt a. M., S 65–84

Sherry JF (1983) Gift giving in anthropological perspective. J Consum Res 10(2):157–168

Sherry JF et al (1992) The disposition of the gift and many unhappy returns. J Retail 68(1):40–65

Sherry JF et al (1993) The dark side of the gift. In: J Bus Res 28(3):225–244

Statista (2021a) Weihnachten in der Schweiz. study_id31438_weihnachten-in-der-schweiz-statista-dossier.pdf. Zugegriffen: 25. Febr. 2021

Statista (2021b) Weihnachten in Österreich. study_id31498_weihnachten-in-österreich-statista-dossier.pdf. Zugegriffen: 25. Febr. 2021

Statista (2021c) Weihnachtsgeschäft in Deutschland. study_id7662_weihnachten_statista-dossier.pdf. Zugegriffen: 08. Febr. 2021

Ward MK, Broniarczyk SM (2011) It's not me, it's you: how gift giving creates giver identity threat as a function of social closeness. J Consum Res 38(1):164–181

Wooten DB (2000) Qualitative steps toward an expanded model of anxiety in gift-giving. J Consum Res 27(1):84–95

Wooten DB, Wood SL (2004) In the spotlight: the drama of gift reception. In: Otnes CC, Lowrey TM (Hrsg) Contemporary consumption rituals: a research anthology. Lawrence Erlbaum Association, Mahwah, S 213–236

Wortbedeutung (2021) Ja, is' denn heut schon Weihnachten. https://www.wortbedeutung.info/ja_is'_denn_heut_schon_Weihnachten. Zugegriffen: 08. Febr. 2021

2

Geschenk und Gegengeschenk: Die Reziprozitätsregel

Unser Verständnis von den Funktionen des Schenkens basiert wesentlich auf frühen ethnographischen und anthropologischen Forschungen, insbesondere den Untersuchungen von Mauss (2013 [1923/1924]) und Malinowski (2001 [1922]) bei archaischen Völkern auf den pazifischen Inselgruppen Melanesien und Polynesien sowie bei den indigenen Völkerstämmen in Nordwestamerika. Sie beschreiben und erklären Schenken als ein selbsterhaltendes System der Gegenseitigkeit, das primär der Beziehungssicherung dient. Das bedeutet, man gibt Geschenke an diejenigen, auf deren Unterstützung man angewiesen ist, aber deren Beistand man nicht als selbstverständlich voraussetzen kann (Caplow 1984). Dabei besteht eine wechselseitige Beziehung zwischen der materiellen Transaktion des Schenkens und der sozialen Beziehung. Der US-amerikanische Anthropologe Marshall Sahlins bringt dies folgendermaßen auf den Punkt: „If friends make gifts, gifts make friends" (Sahlins 1972, S. 186).

Dieses Moment der Gegenseitigkeit wird offenkundig in den bereits genannten Pflichten zum Geben und Annehmen und insbesondere zum Erwidern durch ein Gegengeschenk, was als Prinzip der Reziprozität oder als Reziprozitätsregel bezeichnet wird. Diese Regel steht im Mittelpunkt der sozialwissenschaftlichen, auf der Ethnographie basierenden Forschung, insbesondere der ökonomischen, soziologischen und psychologischen Schenkforschung, die von der **Austauschtheorie** dominiert wird.

Im generellen austauschtheoretischen Ansatz der Sozialwissenschaften, insbesondere der Soziologie, werden alle menschlichen Interaktionen als Austausch verstanden (Thibaut und Kelley 1959; Homans 1974). Sie werden als strategische Interaktionen verstanden, die zustandekommen, weil die Beteiligten erwarten, daraus einen Vorteil ziehen zu können. In diesem Sinne gibt man jemandem etwas als Gegenleistung für etwas, was man in der Vergangenheit bekommen hat oder was man für die Zukunft erwartet. Dementsprechend müssen sich Geben und Nehmen die Waage halten; die erhaltenen und die gegebenen Werte müssen sich entsprechen. Die damit angesprochene Reziprozität legt es nahe, die generelle Austauschtheorie auf den Spezialfall des Schenkens anzuwenden (Sherry 1983).

In der austauschtheoretischen Diskussion des Schenkens lassen sich zwei Varianten unterscheiden, je nachdem, was unter dem ausgetauschten Wert zu verstehen ist, nämlich die ökonomische und die soziale Austauschtheorie.

In der Perspektive der **ökonomischen Austauschtheoretiker** geht es um den **objektiven Preis** des Geschenks. Geschenke werden entsprechend ihres finanziellen Wertes eingeschätzt: Je höher der Preis des Geschenks, desto wertvoller ist es. Entsprechend der Reziprozitätsregel bringt dementsprechend ein teures Geschenk den Empfänger in finanziellen Zugzwang. Er sieht sich verpflichtet, ein ebenfalls teures Gegengeschenk zu machen. Denn erst dann ist in der Beziehung wieder ein Gleichgewicht hergestellt, und die negativen Gefühle, abhängig und noch etwas schuldig zu sein, verschwinden. Bis dahin aber bleibt die psychische Spannung erhalten und eventuell die Sorge um eine zukünftige finanzielle Belastung, was die Freude über das erhaltene Geschenk deutlich schmälern kann.

Die grundsätzliche Gültigkeit der Reziprozitätsregel in verschiedenen Kulturkreisen ist unbestritten. Unzweifelhaft gibt es aber auch Abweichungen, und zwar absichtliche Verletzungen dieser Norm sowie sozial akzeptierte Ausnahmen.

Zu den **bewussten Verletzern** der Regel gehören die „Agonistiker" (Sherry 1983) oder Egoisten, die im Austausch von Geschenken ihren ökonomischen Vorteil maximieren wollen. Geber, die diese Perspektive einnehmen, streben eine ‚negative Reziprozität' (Sahlins 1972, S. 195) an, wollen mehr erhalten als sie selbst geben, sind also darauf aus, mit Gewinn aus dem Geschenkprozess herauszugehen (Belk und Coon 1993). Sie werden schon bei ihren Überlegungen in der Vorbereitungsphase abwägen, welcher Umfang einer Investition in eine Beziehung lohnend erscheint und dabei den wahrscheinlichen Wert eines Gegengeschenks berücksichtigen. Beim Austausch der Geschenke kalkulieren sie, ob der Geschenkpartner auch so viel ausgegeben hat wie sie selbst, und sie werden immer Unzufriedenheit spüren, wenn sie den Eindruck haben, relativ zu viel investiert zu haben. Zufriedenheit empfinden sie also gerade nicht im wertmäßigen Gleichgewicht der Geschenke, sondern im Ungleichgewicht, das im höheren Wert des Empfangenen zum Ausdruck kommt. Diese Freude können aber nur solche Menschen wirklich genießen, die wegen ihrer Selbstliebe völlig unempfindlich gegenüber den negativen Folgen sind, die ihr Handeln auf die Beziehung zum Beteiligten hat.

Solche Egoisten lassen sich nicht einmal durch Vorkehrungen und Absprachen aufhalten, die versuchen, die ökonomisch-wertmäßige Reziprozität von Geschenk und Gegengeschenk durch Angabe eines Grenz- oder Richtpreises sicherzustellen. Das gilt beispielsweise beim anonymen Schenk-System **Julklapp** oder **Wichteln**, wo jedes Mitglied einer Gruppe ein Geschenk einbringt, das einen festgelegten Preis nicht übersteigen soll, und per Los dann eines der anderen Geschenke erhält. Gruppenmitglieder, die allein auf ihren ökonomischen Vorteil bedacht sind – selbst im vorgegebenen kleinen finanziellen Rahmen – können im Dunkel der Anonymität völlig ungeniert vorgehen. Sie wählen dann einen vorhandenen, alten und ungeliebten Gegenstand – eine geschmacklose Reiseerinnerung oder ein offensichtlich gelesenes und angestaubtes Taschenbuch – und freuen sich, wenn sie ein wertvolleres Geschenk zugelost bekommen. Ihre Freude erscheint zudem ungetrübt, da die Absicht der Übervorteilung eines Freundes ihnen nicht persönlich zugerechnet werden kann. Der unzufriedene Empfänger eines wertlosen Geschenks wird sich allerdings ärgern, möglicherweise auch Vermutungen über den Geber anstellen, kann seine Unzufriedenheit aber nicht direkt auf eine bestimmte Person in der Gruppe richten.

Bedeutsamer als diese bewussten Verletzungen der Reziprozitätsregel sind **die sozial zugelassenen Ausnahmen** für ihre Anwendung. Auf solche Ausnahmen weisen Varianten des austauschtheoretischen Ansatzes, nämlich Arbeiten der Fairness- und Gleichgewichtstheorie, hin (Adams 1963). Diese betonen ebenfalls, dass beim

Empfang einer Leistung eine Gegenleistung notwendig ist, um ein Gefühl der Fairness bzw. eines psychologischen Gleichgewichts herzustellen. Aber sie zeigen auch, dass und unter welchen Bedingungen von der Norm der Reziprozität abgewichen werden kann. Die dabei zu berücksichtigenden Faktoren sind Fähigkeiten und Möglichkeiten des gegenleistenden Austauschpartners sowie Art und Intensität der Beziehung zwischen den Beteiligten.

Die Reziprozitätsregel gilt weitgehend uneingeschränkt bei **Beziehungen auf Augenhöhe**, beispielsweise im Verhältnis zwischen in etwa gleichgestellten Freunden, aber auch Bekannten aus dem weiteren sozialen Beziehungsnetz (Joy 2001). Erhält jemand zum Geburtstag von seinem Freund eine teure Flasche Wein und ‚revanchiert‘ sich bei der nächsten Gelegenheit mit einem augenscheinlichen Billigfusel, ist die Balance verletzt. Die Regel verliert aber an Geltung, wenn der Geber von den begrenzten finanziellen Ressourcen seines Freundes weiß. In diesem Fall wird er mit einem kleineren Gegengeschenk zufrieden sein, weil er sich bewusst ist, dass ein Objekt mit vergleichbarem Preis für den Freund eine zu große Budgetbelastung dargestellt hätte.

In **familiären Beziehungen** behält die Norm der Gegenseitigkeit beim Schenken grundsätzlich weiterhin Gültigkeit. So hat etwa am familiären Weihnachtsfest in der Regel jeder Empfänger auch ein Geschenk für den Geber; und häufig zeigen sich hier auch wertmäßige Parallelen (Cheal 1986). Doch eine völlig balancierte oder „ausgeglichene Reziprozität" (Sahlins 2005, S. 82) ist weder notwendig noch angemessen. Zum einen wird die durch Geschenke gefühlte Abhängigkeit in vielen Fällen nicht als Last, sondern als willkommenes Moment der Bindung empfunden, beispielsweise ein teures Geschenk als gern akzeptierte Anerkennung. Zum anderen sind auch die Beziehungen in der Familie nicht ausbalanciert

(Caplow 1984; Belk und Coon 1993). So wird beispielsweise weiterhin erwartet, dass alle, die am Weihnachtsabend an Fest und Geschenksystem teilnehmen, sich auch
mit Geschenken für andere beteiligen. Es gehört auch zu
den Erwartungen, dass Lebenspartner mindestens ein
Weihnachtsgeschenk für den anderen haben. Das gleiche
gilt für Kinder und Eltern sowie Großeltern und Enkel.
Eine bedingte Ausnahme von der Verpflichtung besteht
nur für Kinder, insbesondere Kleinkinder, die in der
Regel aber zumindest zu einem symbolischen Geschenk
angehalten und auf diese Weise früh mit der Reziprozitätsregel vertraut gemacht werden.

Doch die Geschenke müssen sich keineswegs im Wert
entsprechen. Das wird in Bezug auf die Geschenke für
Kinder besonders deutlich. Es ist nicht nur üblich, dass
Eltern ihren minderjährigen Kindern und den voll-
jährigen Kindern, die noch im Hause leben, wertvollere
und größere Geschenke machen als sie selbst von diesen
erhalten. Ganz grundsätzlich fließen wesentlich mehr
Geschenke von der älteren zur jüngeren Generation
(Caplow 1982). In Bezug auf **Kleinkinder** wird das
übliche und weithin akzeptierte Ungleichgewicht auch
darin deutlich, dass Geschenke von Kindern – vom Ökonomen Camerer (1988, S. 198) bösartig als oft charmant
selbstgemacht und hässlich, ohne direkten Nutzwert
für die Eltern („often charmingly homemade and ugly,
with no direct utility value to parents") charakterisiert –
mit Freude akzeptiert werden. Wenn die vor allem elterlichen Geber die eigene Rolle völlig verschleiern und den
Geschenkesegen dem Christkind oder dem Weihnachtsmann zuweisen, scheint die Reziprozität ganz aufgehoben.
Allerdings sollte man nicht übersehen, dass manche
Eltern auch heute noch die erhoffte Wunscherfüllung –
zumindest als Drohung – von der vorher nachzuweisenden
Bravheit des Kindes als Gegenleistung abhängig machen.

Sofern das der Fall ist, dient der Weihnachtsmann (Santa Claus) als „greatest of all givers" mit seiner Fähigkeit zur Gewährung oder Verweigerung von Belohnungen den Eltern als Instrument der Kontrolle und Überwachung (Schwartz 1967, S. 4).

Aber auch zwischen **Partnern sowie Eltern und ihren erwachsenen Kindern** wird üblicherweise nicht auf eine Äquivalenz der Werte geachtet (Caplow 1984). Das ist auch deshalb nicht so nötig, weil bei engen Familienbeziehungen und einer langjährigen Vorgeschichte des gegenseitigen Schenkens oft schon klare Vorstellungen über das zu Erwartende bestehen. Dazu gehört auch, dass Menschen aus erlebten Ungleichgewichten lernen und ihr Verhalten entsprechend anpassen.

Allerdings sollte man nicht meinen, dass das Schenken im Sinne eines ökonomisch interpretierten Austausches deshalb im Familienkontext unproblematisch sei. Das Gegenteil ist der Fall. Familiäre Beziehungen sind nicht nur durch die ‚Schenk-Historie' geprägt, sondern vor allem durch Erlebnisse wahrgenommener und tief empfundener Abstufungen, vermeintlicher Bevorzugungen und Herabsetzungen. Das sind Empfindungen, die durch das Schenkverhalten vertieft oder abgeschwächt werden können. Beim geschwisterlichen Schenken kann ein teures Geschenk der Schwester an den Bruder, dem es nicht so gut geht, die Beziehung fördern. Sie zeigt damit, dass sie ihm eine besondere Freude machen will, sich um ihn kümmert und ihn versteht (Dunn et al. 2008). Doch das große Geschenk der erfolgreichen Schwester kann auch vom Bruder als weiterer Beleg ihrer demonstrativen Überlegenheit und des Nachweises des eigenen Versagens interpretiert werden und zu erheblicher Verstimmung führen. Zudem bestehen in Familien weitere differenzierte Geschenkregeln, die sich auf die jeweilige Stellung im familiären Beziehungsnetz beziehen und die zu beachten sind, wenn man Unfrieden vermeiden will. Auf diese Regeln wird später noch ausführlich eingegangen.

Die ökonomische Betrachtung des Geschenke-Austauschs ist allerdings nur eine Perspektive, und zwar eine, die das komplexe Geschehen nicht vollständig erfassen kann. Denn der Wert eines Geschenks kann in etwas ganz anderem bestehen als dem Preis. Darauf weisen Vertreter der **sozialen Austauschtheorie** hin. Sie betonen, dass Geschenke ihre Bedeutung aus ihrem **symbolischen Wert** beziehen, ihrer Bedeutung für die Beziehung zwischen Geber und Empfänger, ihrer Aussagekraft für die emotionale Nähe der Beteiligten. In dieser Sicht steigt der Wert eines Geschenks mit seinem symbolischen Gehalt (Belk und Coon 1993). Dieser zeigt sich im Einfühlungsvermögen bei der Identifizierung vermeintlich ‚geheimer' Wünsche, in der bei der Suche nach einem Geschenk oder bei dessen Erstellung aufgewandten Mühe und Zeit oder in dem mit dem Geschenk verbundenen und auf sich genommenen Opfer.

Im Lichte der sozialen Austauschtheorie besagt die Reziprozitätsregel nun etwas anderes als im ökonomischen Ansatz. Ein Beschenkter wird sich nicht primär verpflichtet fühlen, etwas mit vergleichbarem finanziellem Wert zurückzugeben, sondern er empfindet den Druck, ein Gegengeschenk mit vergleichbarem symbolischem Wert zu machen (Belk und Coon 1993).

Geschenke mit hohem symbolischem Wert werden in der Regel nur im Rahmen enger Beziehungen, beispielsweise im Dating-Zusammenhang oder im familiären Kontext gemacht. Daher sind Verletzungen dieser Norm besonders problematisch. Wer als Geber sehr viel Gedanken, Herzblut und Mühe aufgewendet hat für ein Geschenk, das symbolhaft die emotionale Nähe verdeutlichen soll, wird besonders enttäuscht sein durch ein Gegengeschenk, das in seiner Lieblosigkeit einen geradezu gegenteiligen Symbolgehalt aufweist. Allerdings werden in längerfristigen persönlichen Beziehungen auch psychische Mechanismen wirksam, die es ermöglichen, die emotionalen und kognitiven Spannungen aufgrund einer nicht-ausbalancierten symbolischen Reziprozität zu reduzieren. Dazu gehören, dass ein zunächst sehr enttäuschter Beschenkter innerlich die bekannte persönlichkeitsbedingte mangelnde Empathie des Schenkers als Erklärung heranzieht. Auch kann ein Geber, der sich der symbolhaften Unterlegenheit seines Geschenks bewusst ist, die erzeugte kognitive Spannung dadurch vermindern, dass er innerlich den Symbolwert des Empfangenen reduziert (Belk 1976).

Grundsätzlich gilt also die Reziprozitätsregel sowohl für Geschenke mit primär ökonomischem als auch für die mit symbolischem Wert. Es spricht allerdings viel dafür, dass die Verpflichtung zum Gegengeschenk bei symbolischen Geschenken intensiver empfunden wird als bei ökonomischen Geschenken, da die Geber sich selber viel stärker im Geschenk einbringen und offenbaren und das Geschenk in höherem Maße die Beziehung zwischen den Partnern widerspiegelt. Darüber hinaus wird das Ausmaß der wahrgenommenen Reziprozitätspflicht von einer Reihe weiterer Faktoren bestimmt. So steigt die wahrgenommene Verpflichtung mit dem Grad der Zufriedenheit des Empfängers, d. h. um so glücklicher der Empfänger mit dem erhaltenen Geschenk ist, desto mehr sieht er sich in der Schuld. Auch der soziale Erwartungsrahmen des Anlasses spielt eine Rolle. Bei gesellschaftlich determinierten Anlässen für Geschenke wie Valentinstag, Geburtstag oder Weihnachten ist ein Abweichen von der Reziprozitätsregel nicht nur individuell problematisch, sondern geradezu ein sozial abweichendes Verhalten. Anders ist die Situation, wenn es um persönliche

Geschenke geht, die aus individuellem Antrieb ohne vor-gegebenen Anlass gemacht werden (Antón et al. 2014).

In austauschtheoretischer Perspektive, sowohl in dem ökonomischen als auch in dem sozialen Modell, erscheinen die Beteiligten als unabhängige Partner, die ver-suchen, durch ihr Geschenk einen in etwa gleich hohen finanziellen oder symbolischen Gegenwert zu erhalten. Diese an den eigenen Interessen orientierte Perspektive ist in vielen Fällen realistisch, sie wird aber keines-wegs allen Fällen des Schenkens gerecht. Aus diesem Grund erweitern Belk und Coon (1993) die austausch-theoretische Sichtweise um einen weiteren Typ, den des **uneigennützigen Schenkens.**

Sie nennen den Ansatz „agapic love paradigm". Die agapische, also uneigennützige, Liebe spielt eine große Rolle in romantischen Beziehungen, aber auch in der Liebe zwischen engen Verwandten (Eltern, Kindern, Großeltern, Geschwistern). In Bezug auf Schenken drückt sich diese agapische Liebe dadurch aus, dass Geschenke ohne Eigeninteresse, selbstlos und ohne Erwartung einer Gegenleistung gemacht werden (Belk und Coon 1993). Hier verliert die Reziprozitätsregel vollständig ihre Bedeutung.

Das uneigennützige Schenken zeigt sich in ver-schiedener Hinsicht. Es wird deutlich, wenn Geschenke belegen, dass man den geliebten Partner in seiner Ein-zigkeit erkennt und würdigt und auch seine spezifischen Bedürfnisse und Wünsche erahnt, selbst wenn sie nicht ausgesprochen sind. Ein ebenso klares Signal ist es, wenn das Geschenk die Bereitschaft des Gebers verdeutlicht, ganz viel für die geliebte Person zu tun, auch persön-liche Opfer zu bringen, nur um dem anderen eine Freude zu machen. Und solche uneigennützigen Geschenke haben oft starke emotionale Wirkung. So zeigt die Schenkforschung, dass Empfänger eine besonders hohe

Zufriedenheit mit einem Geschenk empfinden, wenn es offensichtlich ist, dass ein Geschenk ohne Erwartung oder Hoffnung auf ein Gegengeschenk gemacht wird (Belk und Coon 1993).

Die folgende Episode aus Paul Austers „Die New-York -Trilogie" gibt ein wunderbares Beispiel für uneigennütziges Schenken unter Freunden, und das auch noch für den Spezialfall, dass der ‚Geber' dem ‚Empfänger' die Gelegenheit ‚schenkt', zu einem Geburtstag mit einem Geschenk zu erscheinen. Und der kurze Textausschnitt beleuchtet zugleich verschiedene Perspektiven auf die Wahrnehmung der Reziprozitätsregel.

Paul Auster: Die New-York-Trilogie

Der Erzähler ist mit seinen Freunden Fanshawe und Dennis zu einer Geburtstagsfeier eines gemeinsamen Freundes eingeladen.

Am Tag der Party waren Fanshawe und ich mit Geschenken für das Geburtstagskind ausgestattet worden, die in buntem Papier verpackt und mit Bändern zugeschnürt waren. Dennis hatte jedoch nichts, und er litt darunter. Ich erinnere mich, daß ich ihn mit leeren Phrasen zu trösten versuchte: es spiele keine Rolle, niemandem mache es wirklich etwas aus, in dem ganzen Durcheinander würde es nicht bemerkt werden. Aber es machte Dennis etwas aus, und das war es, was Fanshawe sofort verstand. Ohne eine Erklärung wandte er sich Dennis zu und gab ihm sein Geschenk. „Hier", sagte er, „nimm das, ich werde sagen, ich hätte meines zu Hause gelassen." Zuerst dachte ich, Dennis würde ihm die Geste übelnehmen, er würde sich durch Fanshawes Mitleid gekränkt fühlen. Aber ich irrte mich. Er zögerte einen Augenblick, versuchte, diese besondere Wendung zu begreifen, und nickte dann, wie um die Weisheit dessen anzuerkennen, was Fanshawe getan hatte. Es war nicht so sehr ein Akt der Barmherzigkeit als vielmehr ein Akt der Gerechtigkeit, und aus diesem Grunde konnte ihn Dennis annehmen, ohne sich gedemütigt zu fühlen."

Nach der Party begleitet der Erzähler seinen Freund Fanshawe nach Hause und erzählt dessen Mutter begeistert vom Erlebten:

Fanshawes Geste hatte eine ganz neue Welt für mich eröffnet: die Art, wie jemand sich in die Gefühle eines anderen hineinversetzen und sie so völlig annehmen kann, dass seine eigenen nicht mehr wichtig sind. Es war die erste wirklich moralische Tat, die ich erlebt hatte, und sie war es wert, daß man darüber redete. Fanshawes Mutter war jedoch nicht so begeistert. Ja, sagte sie, es sei gut und großzügig, das zu tun, aber es sei auch falsch. Das Geschenk habe sie Geld gekostet, und indem er es hergegeben habe, habe Fanshawe dieses Geld in einem gewissen Sinne ihr gestohlen. Darüber hinaus habe Fanshawe sich unhöflich benommen, weil er ohne Geschenk erschienen sei – was ein schlechtes Licht auf sie werfe. Fanshawe hörte seiner Mutter aufmerksam zu und sagte kein Wort. Als sie fertig war, sprach er noch immer nicht, und sie fragte, ob er sie verstanden habe. Ja, sagte er, er habe sie verstanden. Damit wäre die Sache wahrscheinlich erledigt gewesen, aber dann, nach einer kurzen Pause, sagte Fanshawe, er denke immer noch, dass er recht habe. Es sei ihm gleichgültig, was sie davon halte: er würde dasselbe das nächste Mal wieder tun.

Paul Auster: Die New-York-Trilogie. In der Übersetzung von Joachim A. Frank, © (1999), Rowohlt Verlag GmbH, Hamburg.

Dieser literarische Textausschnitt deutet auch auf ein Phänomen hin, das bei der Darstellung des uneigennützigen Schenkens oft übersehen wird, nämlich die möglichen unterschiedlichen Perspektiven von Geber und Nehmer. Aus der Perspektive des Gebers Fanshawe ist die Reziprozitätsregel außer Kraft gesetzt, er erwartet keine Gegenleistung. Der Empfänger Dennis muss diese Perspektive aber nicht teilen, er könnte beispielsweise die Handlung in Anwendung der Reziprozitätsnorm verbuchen und sich entsprechend verpflichtet, wenn nicht gar gedemütigt fühlen. Das ist in diesem Fall zwar nicht erfolgt, wurde vom Erzähler aber als Reaktion zunächst für möglich gehalten. Grundsätzlich gilt: Die Tatsache, dass der Geber keine Gegenleistung erwartet, setzt bestehende Macht- und Abhängigkeitsverhältnisse nicht außer Kraft – im Gegenteil: „dominance is all the greater where no return can come" (Corrigan 1989, S. 530). Daraus kann sich eine paradoxe Situation ergeben: „Es gibt kein Geschenk, das einen größeren Vorteil erbringt, als das freiwillige Geschenk – das Geschenk, an dem keine Fallstricke festgemacht sind. Denn das, was die Menschen wirklich freiwillig hergeben, vermag die Empfänger tief zu bewegen und belässt sie tief in der Schuld ihrer Wohltäter" (Gouldner 2005, S. 115). Um solche ungewollten Schuldgefühle zu vermeiden, verlangt uneigennütziges Schenken vom Geber nicht nur Großzügigkeit, sondern auch Feingefühl, wie es Fanshawe in Paul Austers Geschichte beweist.

Uneigennütziges Schenken gibt es auch, wenn von Liebe oder Freundschaft keine Rede sein kann und auch wenn überhaupt keine persönlichen Beziehungen bestehen. Dieser Sachverhalt steht außerhalb des relationalen Geschenkverständnisses, das den konzeptionellen Rahmen dieser Betrachtungen bildet. Doch seine Erwähnung erscheint an dieser Stelle mehr als gerechtfertigt, da er auf die christliche Weihnachtsgeschichte verweist, die die Grundlage für das weihnachtliche Schenken liefert. Die drei Weisen aus dem Morgenland nehmen Mühen und Strapazen auf sich, um ihre teuren Geschenke zu überbringen: Gold, Weihrauch und Myrrhe. Aber wichtig ist nicht in erster Linie der Preis der Geschenke, sondern deren Symbolgehalt, mit dem sie ihre demütigende Verehrung zum Ausdruck bringen. Und sie schenken uneigennützig, ohne einen Gedanken an eine lohnende Gegengabe. So macht Schenken nicht nur dem Empfänger, sondern auch dem Geber Freude. Und dies kann sogar Menschen so gehen, die grundsätzlich hart kalkulieren und auf ihren Vorteil bedacht sind, wie die folgende Geschichte „Das Weihnachtsbild" von Eugen Roth zeigt. Der Verzicht auf ein glücklich und preiswert erstandenes Bild und dessen Überlassung an einen, dem das Bild sehr viel mehr bedeutet, erweist sich als geringer finanzieller Verlust und hoher emotionaler Gewinn.

Eugen Roth: Das Weihnachtsbild

Am 23. Dezember ist ein alter Herr, Hofrat, in einem dürftigen Mantel im Schneetreiben auf dem Weg zu einem Antiquar, um für sich selbst (er ist Witwer, sein Sohn ist im Krieg gefallen) als Weihnachtsgeschenk ein Bild für seine Sammlung zu erwerben. Im Antiquariat ist bereits ein offensichtlich bessergestellter Herr, ein Architekt aus Hamburg, der ansonsten vielbeschäftigt, wegen eines verschobenen Geschäftstermins auf der ziellosen Suche nach einem Geschenk in die Kunsthandlung eingetreten war. Er stöbert herum und blättert dann auch eine Mappe mit Bildern durch. Er findet hier ein Blatt, gemalt in Wasserfarben, das kein Kunstwerk darstellt, aber anrührend eine glückliche Familie am Christabend in einem Biedermeierzimmer zeigt. Interessiert, wendet er sich an das Mädchen, die Enkelin des Besitzers, und fragt nach dem Preis.

Der Architekt fragte, so beiläufig als er es in seiner Freude vermochte, was dieses Bildchen koste. Er machte sich insgeheim auf einen bedeutenden Preis gefasst, entschlossen, ihn zu zahlen, wenn er nicht gar zu unsinnig wäre: Das Mädchen entzifferte die Auszeichnung und sagte stockend, als wäre es zu viel: Dieses Bildchen kostet fünf Mark. Der Kunde, der dreißig gerne gezahlt hätte und bei fünfzig kaum schwankend geworden wäre, griff unverzüglich in die Tasche und legte ein blankes Fünfmarkstück auf den Tisch.

In diesem Moment erscheinen der Hofrat und zeitgleich der Besitzer der Kunsthandlung im Gespräch. Er habe dem Hofrat etwas besonders Schönes zu zeigen, sagt der Besitzer und greift nach der Mappe, in der nun gerade das Bild fehlt, das er für seinen Stammkunden, den Hofrat seit einem halben Jahr zurückgehalten hat. Vergeblich versucht er, den Verkauf rückgängig zu machen, und der Architekt will gleich den Laden verlassen. Doch als der Hofrat ihn bittet, das Bild betrachten zu dürfen, lässt er dies zu und erlebt, wie sehr dieser das Bild liebt, welch hohen Wert es für ihn hat. Daher verlässt der Architekt den Laden mit ambivalenten Gefühlen. Auf der einen Seite freut er sich über den gelungenen Coup, auf der anderen Seite hat er ein schlechtes Gefühl, einem armen Teufel sein Weihnachtsvergnügen genommen zu haben. Und die schlechten Gefühle nehmen in den folgenden Stunden nicht ab.

Am nächsten Tag absolviert er seine Besprechung und hastet danach zum Bahnhof, um gerade noch den Zug zu erreichen, der ihn zum Weihnachtsfest nach Hause bringen soll. Am Bahnsteig, der Diener hatte den Koffer gebracht, fällt ihm ein, dass er das Bild in der Schublade des Tisches im Hotel vergessen hat.

Der Diener stand da mit dem Koffer. Es eilte sehr. „Hören Sie", sagte der Architekt, „ich habe ein Bild liegengelassen" – „Wird nachgeschickt!" fiel ihm der Diener beflissen ins Wort. Aber der Reisende, indem er sich schon aufs Trittbrett schwang, lachte plötzlich, und es war das gute Lachen des Siegers, der sich selbst bezwingt: „Nein", rief er, „nicht nachschicken! Tragen Sie es gleich, jetzt, sobald Sie heimkommen, zu dem Antiquar an der Brücke, er soll es dem Hofrat bringen, dem es gehört. Und die fünf Mark, die es gekostet hat, soll er seiner Enkelin geben, als Schmerzensgeld, denn sie wird genug gescholten worden sein!" Und der Diener rief, dem fahrenden Zug nach, ein wenig ungewiss, was der Auftrag bedeuten solle, er werde es genauso ausrichten. Und er wünsche dem Herrn fröhliche Weihnachten.

Der Zug war überfüllt, aber der Architekt fuhr erster Klasse, es kam ihm nicht drauf an, das war heute ein Abschluss von Hunderttausenden gewesen. Und er war noch vergnügter darüber, dass er eine Sache in Ordnung gebracht hatte, im Wert von fünf Mark. So billig, lachte er in sich hinein, so recht billig habe ich noch nie fünf Menschen eine Weihnachtsfreude gemacht: einem alten Mann, noch einem alten Mann, einem Mädchen, mir selber und, wenn ichs ihr erzähle, meiner Frau auch – und wenn ich ihr auch nichts mitgebracht habe als diese Geschichte...

Eugen Roth: Das Weihnachtsbild, in: der.:Sämtliche Werke, Band 4/5 Erzählungen, Carl Hanser Verlag, München-Wien (1977).

Literatur

Adams JS (1963) Towards an understanding of inequity. J Abnorm Soc Psychol 67(5):422–436

Antón C et al (2014) The culture of gift giving: what do consumers expect from commercial and personal contexts? J Consum Behav 13(1):31–41

Auster P (1999) Die New-York-Trilogie. Rowohlt Taschenbuch Verlag, Reinbek bei Hamburg

Belk RW (1976) It's the thought that counts: a signed digraph analysis of gift-giving. J Consum Res 3(3):155–162

Belk RW, Coon GS (1993) Gift giving as agapic love: an alternative to the exchange paradigm based on dating experiences. J Consum Res 20(3):393–417

Camerer C (1988) Gifts as economic signals and social symbols. Am J Sociol 94(Supplement: Organizations and institutions: Sociological and economic approaches to the analysis of social structure):180–214

Caplow T (1982) Christmas gifts and kin networks. Am Sociol Rev 47(3):383–392

Caplow T (1984) Rule enforcement without visible means: Christmas gift giving in Middletown. Am J Sociol 89(6):1306–1323

Cheal D (1986) The social dimensions of gift behavior. J Soc Pers Relat 3(4):423–439

Corrigan P (1989) Gender and the gift: the case of the family clothing economy. Sociology 23(4):513–534

Dunn EW et al (2008) The gift of similarity: how good and bad gifts influence relationships. Soc Cogn 26(4):469–481

Gouldner AW (2005) Etwas gegen nichts. Reziprozität und Asymmetrie. Adloff F, Mau S (Hrsg) Vom Geben und Nehmen. Zur Soziologie der Reziprozität. Campus Verlag, Frankfurt a. M., S. 109–123

Homans GC (1974) Social behavior: its elementary forms. 2. Aufl. Houghten Mifflin Harcourt, New York

Joy, A. (2001): Gift giving in Hong Kong and the continuum of social ties. J Consum Res 28(2):239–256

Malinowski B (2001) Argonauten des westlichen Pazifik. Ein Bericht über Unternehmungen und Abenteuer der Eingeborenen in den Inselwelten von Melanesisch-Neuguinea. Klotz, Eschborn bei Frankfurt a. M.

Mauss M (2013) Die Gabe. Form und Funktion des Austauschs in archaischen Gesellschaften, 10. Aufl. Suhrkamp Verlag, Frankfurt a. M.

Roth E (1977) Das Weihnachtsbild. In: ders.: Sämtliche Werke, Bd 4/5, Erzählungen. Carl Hanser Verlag, München

Sahlins M (1972) Stone age economics. Aldine-Atherton, Chicago

Sahlins M (2005) Zur Soziologie des primitiven Tauschs. In: Adloff F, Mau S (Hrsg) Vom Geben und Nehmen. Zur Soziologie der Reziprozität. Campus Verlag, Frankfurt a. M., S 73–91

Schwartz B (1967) The social psychology of the gift. Am J Sociol 73(1):1–11

Sherry JF (1983) Gift giving in anthropological perspective. J Consum Res 10(2):157–168

Thibaut JW, Kelley HH (1959) The social psychology of groups. John Wiley & Sons, New York

3

Die Bewertung des Geschenks: Der Empfänger entscheidet, nicht der Geber

Die heftigsten, wenn auch meist notdürftig unter-
drückten, Konflikte im Zusammenhang mit dem
Schenken treten auf, wenn Schenker und Empfänger
unterschiedliche Einschätzungen in Bezug auf den Wert
des Geschenks haben. Das beginnt schon hinsichtlich
der Frage, was überhaupt als Wert anzusehen ist. Die
beiden wesentlichsten Kategorien für die Bewertung eines
Geschenkes wurden bereits im Kontext der Reziprozitätsregel dargestellt, nämlich der objektive Wert, der am Preis
ablesbar ist, und der symbolische Wert, erkennbar am
Maß von Einfühlungsvermögen, aufgewendeter Mühe,
eingesetzter Zeit und erbrachten Opfern des Gebers sowie
dem Grad an Überraschung, den die Gabe auslöst. Zusätzlich ist die Nützlichkeit, also der **Gebrauchswert** des
Geschenks zu beachten.

Dieser Aspekt kann sowohl als Motivation des Gebers
als auch bei der Bewertung durch den Empfänger eine
Rolle spielen. Er konnte aber im Zusammenhang mit der

Reziprozitätsregel unbeachtet bleiben, da zwar (fast) jedes Geschenk grundsätzlich ein Gegengeschenk verlangt, aber der Empfang eines Geschenks mit hohem Gebrauchswert keineswegs zur Verpflichtung führen muss, nun seinerseits ein Gegengeschenk mit vergleichbarem Gebrauchswert zu machen.

Geber entscheiden sich oft für Geschenke mit hohem Gebrauchswert mit der Motivation, den empfangenen Haushalt mit nützlichen Dingen zu versorgen, die ihrer Ansicht noch fehlen. Während solche Geschenke zur Befriedigung materieller Bedürfnisse und einer gewissen Umverteilung von Ressourcen in traditionellen Gesellschaften und Zeiten der Not hohe Bedeutung haben, kommt ihnen in modernen Gesellschaften nur noch eine Nebenrolle zu (Cheal 1996). In größerem Umfang werden nützliche Objekte vor allem geschenkt, wenn neue Lebensabschnitte beginnen, etwa wenn mit der Hochzeit ein neuer Hausstand gegründet oder ein bestehender besser ausgestattet werden soll (Wolfinbarger und Yale 1993). In diesem Fall sind Gaben mit Gebrauchswert hoch willkommen, was man schon daran sieht, dass Brautpaare häufig entsprechende Wunschlisten erstellen, damit sie das gewünschte Ausstattungsniveau erreichen und Doppelgeschenke vermeiden können. Ähnlich erwünscht sind nützliche Geschenke meist bei der Geburt eines Kindes, wo viel Neues an Ausstattung, Kleidung und Möbeln beschafft werden muss. Ohne spezifischen Anlass gilt dies auch für Dinge, die einen akuten, vom Empfänger geäußerten Bedarf decken – wie eine Tasche für das neue Notebook – oder eine bessere Ausübung eines bekannten Hobbies ermöglichen – wie eine Kamera – (Larsen und Watson 2001). In diesen Fällen fällt die Bewertung von nützlichen Geschenken durch den Empfänger positiv aus. In anderen Fällen, wo preislich und symbolisch hochwertigere Alternativen in Betracht kommen, kann es zwischen Gebern und Empfängern auch bezüglich dieser Wertkategorie zu Bewertungsdiskrepanzen kommen, auf die im Folgenden eingegangen wird.

Eine **erste Diskrepanz** zwischen den Bewertungen von Gebern und Empfängern liegt vor, wenn die Einschätzungen hinsichtlich der **Höhe** des jeweiligen finanziellen oder symbolischen **Werts** bzw. des Gebrauchswerts voneinander abweichen. So ist es denkbar, dass ein Empfänger den Preis des Erhaltenen unterschätzt, weil er nicht erkennt, dass die ihm überreichte Flasche Wein kein Allerweltsprodukt vom Discounter, sondern ein lange gereifter Spitzenwein einer hochklassigen Lage ist. Ebenso kann es vorkommen, dass ein hoher vom Geber empfundener Symbolgehalt vom Empfänger unentdeckt bleibt, weil ihm nicht bewusst ist, welchen zeitlichen Aufwand der Geber für die Suche nach einem geeigneten Geschenk betrieben hat. Eine vergleichbare Bewertungslücke tut sich auf, wenn Geber den Gebrauchswert eines Geschenks als objektiv sehr hoch einschätzen, beispielsweise den eines speziellen elektrischen Werkzeugs, der Empfänger aber diesen Wert als gering ansieht, weil er weder die Lust hat noch über entsprechende Fähigkeiten verfügt, das Werkzeug zu benutzen.

Eine **zweite Diskrepanz** ist gegeben, wenn die Beteiligten grundsätzlich **unterschiedliche Wertkategorien** bei der Beurteilung des Geschenks heranziehen. Ein Geber kann beispielsweise sein Geschenk – etwa ein teures Küchengerät (Thermomix) – wegen des hohen Preises oder des hohen Gebrauchswerts als besonders wertvoll ansehen, während der Empfänger, der ein Geschenk mit hohem Symbolgehalt erwartet hat, die hohe Geldausgabe kaum wahrnimmt, wohl aber den fehlenden symbolischen Wert. Eine entsprechende Situation für ein gescheitertes Geschenk schildert Wolfinbarger (1990). In ihrer Studie berichtet eine Frau, dass sie vom Geschenk einer Cappuccino-Maschine durch ihren Freund überhaupt nicht erfreut war. Im Gegenteil: Sie interpretierte das Geschenk als Beleg, dass er sie nicht mehr als sexy ansah.

Ein analoger Diskrepanzfall liegt vor, wenn der Geber ein Geschenk macht, das für ihn einen großen Symbolgehalt aufweist, für den Empfänger, der möglicherweise ein Geldgeschenk oder ein nützliches Sachgeschenk präferiert hätte, aber nahezu wertlos erscheint. Für einen Vater mag ein in der Familie seit Generationen weitergegebener silberner Serviettenring mit Gravur vor allem symbolisch als wertvoller Besitz erscheinen. Dementsprechend trennt er sich schwer davon und sieht die Weitergabe an den Sohn als großes Geschenk an. Doch wenn der Sohn für Familienzusammenhänge keinen Sinn und für Servietten keine Verwendung hat, ist der Konflikt nicht zu vermeiden. Geber und Empfänger wenden also diskordante Regeln zur Bewertung an (Schiffman und Cohn 2009), was nicht nur zu Unzufriedenheit führt, sondern auch zu Unsicherheit hinsichtlich der Frage, was in diesen Fällen Reziprozität bedeutet und wie ein psychisches Gleichgewicht wiederhergestellt werden kann.

In allen genannten Fällen wird eine grundlegende Erkenntnis deutlich: Selbstverständlich bewerten sowohl Geber als auch Empfänger den Wert eines Geschenks, aber ob das Ziel der Freude und Zufriedenheit erreicht wird, hängt allein von der Bewertung des Empfängers ab. Und eine wesentliche Ursache für Bewertungsdiskrepanzen und Konflikte liegt darin, dass sich der **Geber** bei seinen Geschenküberlegungen und -entscheidungen vornehmlich oder allein **an seinen Interessen, seinen Vorstellungen oder seinem Geschmack orientiert** und die Vorstellungen des Empfängers entweder nicht wahrnimmt oder bewusst übergeht und missachtet. Wer sich

beim Schenken eines Buches allein an seinem Literatur-
geschmack orientiert und bei der Wahl eines Einrichtungs-
gegenstandes an den für das eigene Milieu geltenden
Geschmacksregeln, kann nur zufällig auf Zufriedenheit
hoffen.

Noch problematischer ist es, wenn **Geber die ihnen
bekannten Wünsche des Empfängers missachten**.
Gründe hierfür können vielfältig sein. Beispielsweise mag
ihnen der auf praktische Nutzung ausgerichtete Wunsch
eines Kochtopfs als ein zu banales Geschenk erscheinen.
Auch können sie die gut gemeinte Intention verfolgen,
Verhalten oder Einstellungen des anderen zu verändern
oder seine Interessen auf andere Gebiete zu lenken. Auch
hier erscheint es rein zufällig, wenn diese Absichten
des Gebers gelingen. In vielen Fällen aber werden sie
Unzufriedenheit erzeugen. Wer einen Kochtopf braucht,
wird oft eine Druckgraphik nicht besonders wertschätzen;
ein Kunstfreund wird nicht unbedingt durch ein Kochbuch zum Koch, und nicht jeder Angelfreund wird durch
einen Lyrikband zum Freund der Poesie.

Diese Erkenntnis sollten auch Eltern reflektieren, wenn
es um die Geschenke für ihre **Kinder** geht. Selbstverständlich sind pädagogische Überlegungen zulässig und
wertvoll. Gerade bei Kindern wird es immer auch darum
gehen, etwas zu finden, was sie fördert, was Vertrauen
und Zutrauen in ihre Leistungsfähigkeit steigert und neue
Interessen weckt. Geschenke geben dem Kind wichtige
Hinweise in Bezug auf seine Identität, wer es ist und
wie es nach Ansicht der Eltern sein sollte. Sie vermitteln
Werte etwa in Bezug auf Bildung, Wettbewerb, Besitz
und Ästhetik. Auch werden sie bewusst oder unbewusst
dazu genutzt, um Geschlechterrollen und -identitäten zu
kommunizieren (Belk 1979). Dementsprechend wählen
Eltern entweder Spielzeuge, um traditionelle Rollen zu
verstärken, indem sie ihren Söhnen ‚typisch männliche‘

Spielzeuge (wie Bagger, Feuerwehrauto oder Ritterburg) bzw. ihren Töchtern ‚typisch weibliche' Objekte (wie Puppen, Armband oder Ponyhof) schenken oder aber durch eine davon abweichende Geschenkwahl versuchen, diese Gender-Stereotypen zu durchkreuzen. Da Rollenverständnisse auch außerfamiliär geprägt werden, ist die letztgenannte Strategie allerdings nicht ohne Risiko. Wer meint, dem Jungen, der sich ein Plastik-Playmobil-Piratenschiff wünscht, einen Gefallen im Sinne einer genderkorrekten Erziehung zu tun, indem er ihm stattdessen eine hölzerne Puppenküche schenkt, wird wahrscheinlich die pädagogische Zielsetzung verfehlen und das Geburtstags- oder Weihnachtsfest verderben.

Generell gilt: Die dominante Orientierung an den eigenen Normen, Interessen, dem eigenen Geschmack und den eigenen Werten signalisiert nur Selbstsucht und Egoismus und damit das Gegenteil von dem, was Schenken eigentlich ausmacht. Das kann im schlimmsten Fall zur Katastrophe führen, wie es im folgenden Ausschnitt aus Ludwig Tiecks Novelle „Weihnacht-Abend" der Fall ist.

Ludwig Tieck: Weihnacht-Abend

Ludwig Tieck, Dichter der Romantik, schildert in seiner Novelle „Weihnacht-Abend" das Schicksal einer Frau, die mit ihrer Tochter verarmt in der Nähe des großen Weihnachtsmarktes in Berlin lebt. Zu den Schicksalsschlägen, die die Frau erfahren hat, gehört auch die Nachricht, dass ihr erster Sohn Heinrich den Untergang seines Schiffes in der Südsee nicht überlebt hat.

Der Sohn hatte das Elternhaus nach einer handfesten Auseinandersetzung mit dem Vater verlassen, zu der es kam, weil Heinrich die vom Vater mit Plan gewählten Geschenke nicht dankbar entgegennahm, sondern brüsk ablehnte. Der Vater, der immer von einer akademischen Karriere geträumt hatte, wollte diesen Traum nun in seinem Sohn verwirklichen und machte ihm teure Bücher zum Geschenk. Dessen Interessen waren aber eindeutig nicht aufs Akademische gerichtet, sondern auf Handel und Abenteuer.

Die Geschenkeübergabe gerät zur Katastrophe, die die Mutter schildert:

...und nun öffnete sich die andere Tür – und eine große Anzahl Bücher, teure Werke, Lexika, Ausgaben von Klassikern, Folianten und Quartanten standen prahlend da, von Blumen und Lorbeerkränzen umschwebt. – Der Vater hatte auf Überraschung, freudigen Schreck und dann, nach der Besinnung, auf enthusiastische Freude des Jünglings gerechnet, – und da nun Alles ganz anders wurde, Heinrich bald die Bücher, bald den Vater mit einem Blick kalter Verwunderung betrachtete, so war ich auf meinem Sessel schon einer Ohnmacht nahe, denn auf dem Angesicht des Vaters zeigte sich die Röte, jenes Feuer im aufgerißnen Auge, welches alles ich, so wie die schwellende Ader, das zitternde Nagen an der Unterlippe nur zu gut kannte, um nicht zu wissen, daß jetzt die schrecklichste Explosion von Wut und Raserei ausbrechen würde.

So kam es denn auch. – Erst, mit scheinbarer Mäßigung fragte der Vater noch: diese Bücher scheinen dem Herrn Sohn die Freude nicht zu machen, die ich mir versprochen habe? Heinrich sagte zögernd: lieber Vater – Es steckt ein ganzes Kapital darin! schrie dieser: mancher Professor wünscht sie sich umsonst. Hören Sie mich an, lieber Vater, sagte Heinrich leichenblaß, – ich kann sie nicht brauchen, da ich fest entschlossen bin, statt auf die Universität, mich auf ein großes Comptoir in der Seestadt zu begeben, weil ich fühle, daß ich nicht zum Gelehrten tauge. – Hier hörte ich nun einen gräßlichen Fluch aus dem Munde meines Mannes, und mit angestrengter Kraft packte er den größten Folianten, und schleuderte ihn wütig nach dem Haupte des Sohnes, indem er rasend mit dem Munde schäumte. Mein Heinrich stürzte getroffen nieder, er hätte ausweichen können, aber ich sah, daß er es nicht wollte. Aus einer großen Kopfwunde blutend, lag er jetzt betäubt und wie ohne Bewußtsein auf dem Boden, und der Vater, sich selbst in Wut nicht kennend, sprang auf den Gefallenen und trat ihn, indem er furchtbar mit den Zähnen knirschte.

Kein Wunder, dass der Sohn nach diesem Vorfall das elterliche Haus verließ und zu Lebzeiten des Vaters nicht zurückkam.

> Doch Tiecks Erzählung ist eine Weihnachtsgeschichte, und so geschieht am Heiligen Abend auch ein „Weihnachtswunder": Der Totgeglaubte erkennt auf dem Weihnachtsmarkt seine Mutter wieder. Er sucht sie auf, kann der kleinen Schwester die vorher illusorischen Weihnachtswünsche erfüllen und die Familie aus der Armut führen.
>
> Ludwig Tieck, Weihnacht-Abend, Insel Verlag, Frankfurt am Main und Leipzig (2002).

Die Empfehlung an Geber, sich bei der Geschenkentscheidung an der zu erwartenden Bewertung durch den Empfänger zu orientieren, ist überaus plausibel und intuitiv naheliegend. Schließlich ist das Geschenk ja für den Empfänger bestimmt, soll ihm Freude machen und für ihn von Nutzen sein. Dies kann am besten erreicht werden mit einem Geschenk, das Wünsche, Interessen und Vorlieben des Empfängers widerspiegelt. Allerdings setzt dies entsprechend präzise Kenntnisse voraus, die in vielen Fällen aber nicht vorliegen. Zudem kann es zu systematischen **Fehleinschätzungen der Empfängerwünsche** kommen.

Dies zeigen empirische Studien über Diskrepanzen in den Perspektiven, wenn Geber vor der Frage stehen, welche von mehreren möglichen Geschenkideen sie verwirklichen sollen, die unterschiedliche Vor- und Nachteile haben. Dabei wird aus Gründen der Vereinfachung das Problem meist auf zwei Geschenkalternativen A und B beschränkt, wobei sich die Geschenkalternative A in Bezug auf ein Bewertungskriterium als überlegen erweist, die Geschenkalternative B aber in Bezug auf ein anderes.

In ihren Forschungsarbeiten untersuchen Kupor et al. (2017) die Situation eines Gebers, der vor der Wahlentscheidung zwischen Alternativen steht, die sich danach unterscheiden, inwieweit sie ‚vollständig' („complete") bzw. ‚wünschenswert' („desirable") sind. Bei der Variante A handelt es sich um das wünschenswerte Geschenk, das der Empfänger bevorzugen würde, dessen Preis aber des Gebers Budget übersteigt, so dass der Empfänger selbst einen Teil dazu beitragen muss. Variante B gefällt dem Empfänger auch, wenn auch nicht so sehr, und liegt im Preisrahmen des Gebers, sodass es vollständig übergeben werden kann. Ein Beispiel für diese Situation ist ein Gutschein für ein Restaurant mit einem Betrag, der für ein übliches Abendessen zu zweit ausreicht (‚vollständig'), oder für ein teureres Restaurant, wo zu erwarten ist, dass der Empfänger bei seinem Besuch zuzahlen muss (‚wünschenswert'). Die empirischen Studien zeigen, dass Geber vollständige Geschenke bevorzugen, weil sie davon ausgehen, dass Empfänger ein unvollständiges Geschenk als weniger wertschätzend, als ‚halbherzig', wahrnehmen. Demgegenüber bevorzugen aber die Befragten als Empfänger die wünschenswerte Geschenkalternative. Demgemäß schätzen Geber die Präferenzen der Empfänger systematisch falsch ein und machen diesbezüglich suboptimale Geschenke. Ob dieser Schlussfolgerung uneingeschränkt zuzustimmen ist, wird im Zusammenhang der nachfolgend präsentierten weiteren Studien zu asymmetrischen Einschätzungen von Gebern und Empfängern noch kritisch diskutiert.

Eine andere Wahlsituation untersuchen Baskin et al. (2014). Hier hat ein Geber zwischen Geschenkgutschein-Alternativen zu wählen, die sich hinsichtlich der beiden Kriterien ‚Erwünschtheit' („desirability") und ‚Nutzbarkeit' („feasibility") unterscheiden. Er will einen Restaurantgutschein zum Geschenk machen, kennt aber das Lieblingsrestaurant des Empfängers nicht. Er weiß nur, dass der Empfänger Essen beim ‚Italiener' bevorzugt. So kann er beispielsweise einen Gutschein für ein qualitativ besseres italienisches Restaurant in einiger

Entfernung schenken oder aber für ein Restaurant mit etwas geringerer Qualität, das leichter erreichbar ist. Die Autoren begründen theoretisch ihre Annahme, dass Geschenkegeber, die sich vermeintlich in die Lage des Empfängers versetzen, bei der Auswahl die Eigenschaften des Wünschenswerten stärker gewichten, während die Empfänger größeres Gewicht auf die Nutzbarkeit legen und diese höher bewerten. Im angegebenen Beispiel ist es ihrer Ansicht nach daher wahrscheinlich, dass der Schenker eine größere Präferenz für das hochqualitative Restaurant hat, das komplizierter aufzusuchen ist, während sich der Empfänger mehr über die leichter erreichbare, aber qualitativ etwas geringer einzuschätzende Variante gefreut hätte. Diese Annahme bestätigt sich in einer Reihe von empirischen Experimenten. Damit kommen die Autoren ebenfalls zu dem Ergebnis, dass sich gerade die Geschenkentscheidung als falsch erweist, die sich an den vermeintlichen Bedürfnissen des Empfängers orientiert. Dementsprechend empfehlen sie Gebern bei Vorliegen eines Zielkonflikts zwischen Erwünschtheit und Nutzbarkeit, zunächst zu überlegen, was sie selbst in der Rolle als Empfänger präferieren würden und sich dementsprechend zu verhalten, was in der Regel heißt, die ‚nützlichere' Variante zu wählen.

Auch Teigen et al. (2005) untersuchen in ihren experimentellen Studien, ob Geber und Empfänger Geschenke präferieren, die eher luxuriös („luxurious") oder nützlicher („more useful") sind, wobei ‚luxuriös' im Sinne einer höheren Qualität und ‚nützlich' primär im Sinne quantitativer Vorteile zu verstehen ist. Im untersuchten Beispiel geht es darum, ob sie eine teure Flasche Wein oder stattdessen lieber zwei Flaschen eines durchschnittlichen Weins als bessere Geschenke ansehen. Die Bewertungen der Befragten fallen keineswegs konsistent aus. Im Gegenteil: Es kommt zu einer asymmetrischen

Bewertung je nach Schenker- und Empfänger-Sicht, ein Phänomen, das als Präferenzenumkehrung bezeichnet wird. Danach befragt, welche Geschenkalternative sie gern verschenken und welche sie gern erhalten würden, entscheiden sich vergleichbare Probanden in der Rolle des Empfängers für die ‚nützlichere' (quantitativ überlegene) Variante, während die Probanden in der Rolle des Gebers sich für die ‚luxuriösere' (qualitativ überlegene) Variante entscheiden.

In allen vorgestellten Vergleichsstudien wird empirisch nachgewiesen, dass Geber, die sich im Sinne eines Perspektivenwechsels bemühen, empfängerorientierte Geschenke zu machen, gerade nicht maximale Zufriedenheit und eine Intensivierung der Beziehung erreichen, sondern falsche Entscheidungen treffen. Als Gründe hierfür bieten die Forscher verschiedene Erklärungen an. So können Schenker eher an der spontanen Freude des Empfängers über ein vollständiges und qualitativ hochwertiges Geschenk als an dessen langfristiger Zufriedenheit mit dem Objekt interessiert sein. Es ist auch denkbar, dass sich Geber stärker an den kulturellen Geschenkkonventionen orientieren müssen, da sie – im Gegensatz zu den Empfängern – ihre Präferenzen mit dem Geschenk ja öffentlich machen. Es sind also weder mangelnde Empathie oder böser Wille noch Fehler in der Einschätzung des Empfängers für das Zustandekommen dieser Entscheidung verantwortlich, sondern das Interesse an der spontanen Freude und der Respekt vor Konventionen.

Allerdings lassen sich Zweifel anmelden, ob hier wirklich falsche Entscheidungen vorliegen. Zwar gibt es keinen Anlass, die empirischen Ergebnisse zu bezweifeln, aber es lassen sich **Bedenken gegen die methodische Anlage der Studien** anführen. Dabei ist vor allem das Befragungsdesign problematisch, das von Gebern und Empfängern verlangt, Geschenkalternativen im paarweisen Vergleich zu bewerten. Diese Situation ist aber in Bezug auf den Empfänger unrealistisch. Geber und Empfänger wenden im richtigen Leben nämlich einen ganz unterschiedlichen Bewertungsmodus an. Während der Geber bei seiner Geschenkentscheidung eine Vielzahl von Alternativen und Auswahlmöglichkeiten hat (u. a. soll ich die Flasche mit dem teureren Wein oder lieber zwei Flaschen von etwas weniger hochwertigem Wein wählen?), bewertet der Empfänger allein das empfangene Geschenk. Wenn man die Empfänger die Alternativen nicht im paarweisen Vergleich, sondern einzeln bewerten lässt, also nur die erhaltene einzige Flasche bzw. nur die beiden weniger guten Flaschen, dann ändern sich die Präferenzmuster der Empfänger in Richtung einer höheren Bewertung der exklusiven Geschenkartikel. Aus diesem Ergebnis ziehen die Autoren die folgende Konsequenz: Die Kunst des erfolgreichen Schenkens liegt darin, Gegenstände auszuwählen, die vor allem geschätzt werden, wenn sie einzeln präsentiert werden. Bei der Einzelbewertung haben vollständige, exklusive, makellose Geschenke unbestreitbare Vorteile. Insofern macht es durchaus Sinn, dass Geber sich für sie entscheiden und beispielsweise auch den Gutschein für das qualitativ überlegene italienische Restaurant wählen. Dass Empfänger, wenn sie die Alternativen im Hinblick auf ihre langfristige Zufriedenheit zu bewerten hätten, eventuell eine andere Wahl getroffen hätten, ist unerheblich. Nicht nur für den Geber, sondern auch für den Empfänger ist dessen spontane Bewertung, die Freude im Augenblick des Empfangs entscheidend.

Da aber immer die Schwierigkeit besteht, die Empfängerwünsche exakt zu treffen, und Fehlentscheidungen häufig nicht zu vermeiden sind, beschäftigt sich die Geschenkeforschung verstärkt mit der Frage, ob nicht geberzentrierte Geschenke auch Vorteile aufweisen und ob es Situationen und Konstellationen gibt, in denen von der Empfehlung der Empfängerorientierung abgewichen werden kann bzw. sollte.

Ein wesentlicher **Vorteil geberzentrierter Geschenke** wird darin gesehen, dass es für Geber sehr viel einfacher ist, ein Geschenk zu finden, das wichtige Aspekte der eigenen Persönlichkeit widerspiegelt als die des Empfängers. Und diese Funktion von Geschenken als Spiegel der Geberpersönlichkeit erscheint als Vorteil für den Empfänger. So weisen Paolacci et al. (2015) nach, dass Empfänger Geschenke besonders wertschätzen, wenn diese ganz besonders zu den charakteristischen Eigenschaften des Gebers passen, also eine Kongruenz zwischen Geschenk und Geber besteht. Allerdings wird dieser Nachweis nur im Vergleich zu Geschenken mit geringerer Geschenk-Geber-Kongruenz geführt, während keine Aussage dazu erfolgt, wie die Bewertung im Vergleich zu einem Geschenk ausfällt, das auf die Wünsche und Bedürfnisse des Empfängers abgestellt ist.

Solche Vergleiche führen Aknin und Human (2015) durch, und sie gehen dabei von der Hypothese aus, dass ein Geschenk, das die Geberpersönlichkeit offenbart, auch positive Auswirkungen auf die Beziehung zum Empfänger hat und das Gefühl der Verbundenheit verstärkt. Den Grund dafür sehen sie darin, dass sich der Geber mit einem solchen Geschenk öffnet und verletzlich macht, was die Intimität einer Beziehung insbesondere in romantischen Beziehungen erhöht. Um diese Hypothese zu überprüfen, untersuchen sie in sechs methodisch unterschiedlich angelegten empirischen Studien, ob sich Geschenke, die sich am Empfänger orientieren (empfängerzentrierte Geschenke) oder Gaben, die den Schenkenden reflektieren (geberzentrierte Geschenke) stärker auf die Förderung von Nähe unter den Beteiligten auswirken.

Alle sechs Vergleichsstudien belegen zunächst einmal das Erwartete: Befragte in einer landesweiten repräsentativen Umfrage geben mit großer Mehrheit an, lieber ein Geschenk zu machen, das ihr Wissen über den Empfänger widerspiegelt als ein Geschenk, das ihr wahres Ich zum Ausdruck bringt. Ähnlich eindeutig befürworteten sie, lieber ein Geschenk zu erhalten, das ihren Interessen und Leidenschaften entspricht als den Interessen und Leidenschaften des Gebers. Auch Erhebungen zu Präferenzen der Probanden und zu ihrem tatsächlichen Schenk-Verhalten zum Valentinstag zeigen erneut eine starke Präferenz für empfängerzentrierte Geschenke. Die Studien zum Einfluss geber- und empfängerzentrierter Geschenke auf die wahrgenommene Zunahme an Beziehungsnähe zeigen allerdings ein abweichendes, ein anderes Ergebnis. Geberzentrierte Geschenke, mit denen der Geber einen wichtigen Teil seiner wahren Persönlichkeit offenbart (etwa ein Buch mit Lieblingsgedichten) oder etwas, was beide gemeinsam genießen und womit sie miteinander Zeit verbringen können, erweisen sich als wirksamer in Bezug auf die Stärkung der Beziehung. Demnach haben Menschen zwar eine starke Vorliebe für Geschenke, die den Interessen und Leidenschaften des Empfängers entsprechen, aber Geschenke, die die Interessen und Leidenschaften des Schenkenden widerspiegeln, scheinen stärkere Bindungseffekte aufzuweisen. Zumindest soll dies für romantische oder andere schon etablierte Beziehungen gelten. Folglich ziehen die Autoren aus den Studienergebnissen den Schluss, dass Geschenke, die den Geber in den Mittelpunkt stellen, eine oft ungenutzte Ressource darstellen, um soziale Beziehungen zu fördern.

Dieses Ergebnis ist auf den ersten Blick überraschend, da es im Widerspruch zur These von der Notwendigkeit empfängerorientierter Geschenke steht. Bei einem zweiten, genaueren Blick fällt der Widerspruch allerdings nicht so eindeutig aus bzw. er löst sich auf. Den Teilnehmern der

Studien wurden generelle Fragen zu empfänger- und geberorientierten Geschenken gestellt, wobei Aspekte unterschiedlicher Wertkategorien oder unterschiedlicher Einschätzungen der Höhe des Wertes keine Rolle spielen. Und auch der Fall der offensichtlichen Missachtung des Empfängerwunsches wurde nicht beachtet. Zudem wurde das geberzentrierte Geschenk sehr einschränkend definiert, nämlich als Spezialfall einer absichtsvoll in Bezug auf die Beziehung ausgewählten Gabe, die eine Preisgabe der Persönlichkeit enthüllt bzw. den Wunsch, mit dem anderen Zeit und Gemeinsamkeit zu verbringen, zum Ausdruck bringt. Hier werden Geschenk-Entscheidungen zwar aus Geberperspektive getroffen, etwa die Einladung zu einem Event einer Sportart, den der Geber liebt, zu der der Empfänger bisher aber noch keinen Zugang hatte. Diesen Zugang zu erhalten und gemeinsam mit dem Geber das Event zu erleben, können für den Empfänger und die Beziehung selbstverständlich wertvoll sein. Doch die hier nachgewiesene Beziehungswirkung eines Spezialfalls ist keinesfalls ein Freibrief für ein gedankenloses Selbstinteresse beim Schenken.

Bevor Geber voreilige Schlüsse aus solchen wissenschaftlichen Erkenntnissen ziehen, sollten sie sich lieber auf das traditionelle Erfahrungswissen verlassen, wie es beispielsweise in der Zeichentrickserie ‚Die Simpsons‘ vermittelt wird. In der neunten Folge der ersten Staffel „Der schöne Jacques" schenkt Homer Simpson seiner Ehefrau Marge zu ihrem 34. Geburtstag eine Bowlingkugel, in die sein Name eingraviert ist und deren Löcher seiner Wurfhand angepasst wurden. Wenig überraschend, löst dieses geberzentrierte Geschenk eine schwere Ehekrise aus, obwohl oder gerade weil es so viel über die Persönlichkeit und die Interessen des Gebers aussagt (Simpsons 2021).

Literatur

Aknin LB, Human LJ (2015) Give a piece of you: gifts that reflect givers promote closeness. J Exp Soc Psychol 60:8–16

Baskin E et al (2014) Why feasibility matters more to gift receivers than to givers: a construal-level approach to gift giving. J Consum Res 41(1):169–182

Belk RW (1979) Gift giving behaviour. In: Sheth JN (Hrsg) Research in marketing, Bd 2. JAI Press, Greenwich, S 95–126

Cheal D (1996) Gifts in contemporary North America. In: Otnes C, Beltramini RF (Hrsg) Gift giving: a research anthology. Bowling Green State University Popular Press, Bowling Green, S 85–97

Kupor D et al (2017) Half a gift is not half-hearted: a giver-receiver asymmetry in the thoughtfulness of partial gifts. Pers Soc Psychol Bull 43(12):1686–1695

Larsen D, Watson JJ (2001) A guide map to the terrain of gift value. Psychol Mark 18(8):889–906

Paolacci G et al (2015) Give me your self: gifts are liked more when they match the giver's characteristics. J Consum Psychol 25(3):487–494

Schiffman LG, Cohn DY (2009) Are they playing by the same rules? A consumer gifting classification of marital dyads. J Bus Res 62(11):1054–1062

Simpson Wiki (2021) Der schöne Jacques. https://simpsons.fandom.com/de/wiki/Der_schöne_Jacques. Zugegriffen: 20. März 2021

Teigen K et al (2005) Giver-receiver asymmetries in gift preferences. Brit J Soc Psychol 44(1):125–144

Tieck L (2002) Weihnacht-Abend. Insel-Verlag, Frankfurt a. M.

Wolfinbarger MF (1990) Motivations and symbolism in gift giving behaviour. Adv Consum Res 17:699–705

Wolfinbarger MF, Yale LJ (1993) Three motivations for interpersonal gift giving: experiential, obligated and practical motivations. Adv Consum Res 20:520–526

4

Der finanzielle Wert des Geschenks: Can't Buy Me Love?

Dass die Höhe des Preises eines Geschenkes nicht immer entscheidend für die Zufriedenheit des Beschenkten ist, wurde bereits erwähnt, und es wurde dabei auf die Tatsache hingewiesen, dass viele Menschen den symbolischen Wert höher einschätzen als den finanziellen. Das heißt aber nicht, dass der Preis keine Rolle spielt, zumal auch der Preis einen Symbolgehalt hat. Dieser kann allerdings sehr unterschiedlich ausfallen.

Wenn jemand mit bekannt guter finanzieller Ausstattung einen offensichtlichen **Billigramsch** verschenkt, kann er nicht mit freudiger Dankbarkeit rechnen. Und dies gilt nicht nur, weil das Geschenk von geringem finanziellem Wert ist, sondern weil es als Symbol geringer Achtung des Empfängers und als Ausdruck eines geizigen Charakters interpretiert wird. Wenn jemand dagegen trotz begrenzter Mittel ein Geschenk macht, das für ihn ein finanzielles Opfer bedeutet, symbolisiert dies für den

© Der/die Autor(en), exklusiv lizenziert durch Springer-Verlag GmbH, DE, ein Teil von Springer Nature 2021
B. Stauss, *Das perfekte Geschenk*,
https://doi.org/10.1007/978-3-662-63620-6_4

Empfänger Großzügigkeit und Opferbereitschaft sowie besondere Nähe (Larsen und Watson 2001).

Komplizierter ist der Fall, wenn für ein Geschenk **viel Geld** ausgeben wird. In diesem Fall geht ein Geber davon aus, dass die Höhe der Geldausgabe entsprechend honoriert wird, dass also eine positive Korrelation zwischen dem bezahlten Preis und der dadurch erzielten Wertschätzung des Geschenks durch den Empfänger besteht. Dies gilt umso mehr, wenn zu vermuten ist, dass der Beschenkte weder willens noch in der Lage wäre, für ein entsprechendes Objekt oder ein Event so viel Geld auszugeben. Eine solche Annahme erscheint nicht nur in ökonomischer, sondern auch in symbolischer Hinsicht plausibel: Mit dem Schenken demonstriert der Geber seine Bereitschaft, in eine Beziehung zu investieren, und er ist daher der Überzeugung, dass das teure Geschenk ein besonders starkes Signal für die von ihm wahrgenommene Tiefe der Beziehung liefert.

Verschiedene **empirische Studien** belegen den Umstand, dass Geber tatsächlich diese Perspektive einnehmen (Camerer 1988; Flynn und Adams 2009). Allerdings zeigen sie auch, dass die Geberperspektive nicht notwendigerweise der Sichtweise der Empfänger entspricht, ja, dass hier häufig abweichende Einschätzungen vorliegen.

Flynn und Adams (2009) untersuchen die Wahrnehmung des finanziellen Wertes vergleichend aus Geber- und Empfängersicht mittels dreier Studien. In den ersten beiden Studien werden Probanden hinsichtlich ihrer eigenen Erfahrungen als Geber und Empfänger befragt; die dritte setzt ein Experiment mittels eines hypothetischen Schenk-Szenarios ein.

Im Fokus der ersten Studie steht das Geschenk eines Verlobungsrings. Zum Zeitpunkt der Studie wurde in den USA zur Verlobung in mehr als 80 % der Fälle ein

Ring mit einem Diamanten verschenkt. Insofern handelt es sich um ein Objekt, das angesichts des hohen Preises und der Bedeutsamkeit des Anlasses mit Sorgfalt ausgesucht und präsentiert wird. Das Ringgeschenk ist somit sowohl mit einem starken Gefühlsmoment verbunden als auch mit dem Aspekt des finanziellen Wertes, was es zu einem besonders geeigneten Untersuchungsgegenstand macht. In der Studie wird der Zusammenhang zwischen dem Preis, den ein Mann für den Verlobungsring ausgegeben hat, und der Wertschätzung des Geschenks durch die beschenkte Partnerin untersucht. Dementsprechend werden frisch Verlobte, die entweder einen Verlobungsring gekauft oder geschenkt bekommen haben, zu diesem Sachverhalt befragt. Im Ergebnis bestätigt die Studie zum einen die Vermutung, dass verlobte Männer als Geber erwarten, dass ihre Verlobte den Verlobungsring mit zunehmendem Preis mehr wertschätzen. Im Gegensatz dazu aber lässt sich bei den Frauen als Empfängerinnen des Rings mit zunehmendem Preis kein Anstieg an Wertschätzung feststellen.

In der zweiten Studie werden die Studienteilnehmer einer Online-Befragung in der Rolle von Gebern und Empfängern gebeten, ein Geschenk zu beschreiben, das sie zum Geburtstag erhalten bzw. verschenkt haben. Zugleich werden sie als Geber aufgefordert anzugeben, wieviel sie für das Geschenk bezahlt haben, und um ihre Einschätzung gebeten, wie stark die Empfänger das Geschenk wohl wertgeschätzt haben. Die Befragten in der Rolle als Empfänger sollen den Preis schätzen, den der Geber vermutlich für das erhaltene Geschenk ausgegeben hat, und den Grad der von ihnen empfundenen Wertschätzung benennen. Die Ergebnisse gleichen denen aus der ersten Studie: Die Geber sehen im Preis einen klaren Indikator für die zu erwartende Wertschätzung des Empfängers, während sich dieser Zusammenhang zwischen Preishöhe und Wertschätzung des Geschenks bei den Empfängern nicht nachweisen lässt.

In der dritten Studie setzen die Autoren ein experimentelles Szenario ein, in dem sie den Teilnehmern auf zufällige Weise die Rolle eines Gebers oder Nehmers zuweisen und in die hypothetische Situation versetzen, entweder ein kleines oder ein großes (im Sinne von: teureres) Geschenk zu machen bzw. zu empfangen. Die Probanden haben sich also in die zugewiesene Rolle und Situation zu versetzen und den Grad der von ihnen als Geber erwarteten oder als Empfänger hypothetisch empfundenen Freude anzugeben. In Übereinstimmung mit den anderen Studienergebnissen zeigt sich auch hier, dass die Befragten in der Geberrolle meinen, dass das größere Geschenk mehr Freude und Anerkennung finden werde als das kleinere, während die Befragten in der Empfängerrolle in etwa den gleichen Grad an Wertschätzung für beide Geschenke signalisieren.

Für diese **asymmetrischen Bewertung** des Zusammenhangs von Geschenkpreis und Dankbarkeits- und Freudegefühlen werden mehrere **Erklärungen** angeboten, die mit zwei bereits betrachteten Phänomenen zusammenhängen: der unterschiedlichen Bewertungssituation, in der sich Geber und Empfänger befinden, einerseits und der Reziprozitätsregel andererseits.

Flynn und Adams (2009) weisen darauf hin, dass Geber und Empfänger **verschiedene Modi von Bewertungen** anwenden. Ein Geber wird bei seinen Überlegungen immer mehrere Optionen in Betracht ziehen und dabei auch die Wirkung des Geschenks auf den Empfänger abschätzen. Im Vergleich von zwei Alternativen mit unterschiedlich hohem Preis bzw. Wert und damit häufig auch verschiedener Qualität ist es nur plausibel, dass er die teurere, wertvollere und qualitativ überlegene Variante als ein erfolgversprechenderes Geschenk einschätzt. Ein

Empfänger dagegen hat keine Optionen zu bewerten, sondern nur das erhaltene Geschenk. Als einzige Alternative bleibt häufig nur, überhaupt kein Geschenk zu erhalten, was sie möglicherweise schon veranlasst, jedes Geschenk erst einmal positiv zu bewerten. Dieses Argument schwächt die Aussagekraft der Studienergebnisse erheblich ab.

Unabhängig von den präsentierten Studien kann ein Grund für die asymmetrische Bewertung aus der **Reziprozitätsregel** abgeleitet werden, d. h. aus der Verpflichtung des Empfängers zur Gegenleistung und dem damit verbundenen unangenehmen Gefühl, dem Geber etwas schuldig zu sein. Dieser Aspekt wird auch als wesentlicher Grund für ein weiteres Phänomen angesehen, nämlich dass in einigen Fällen ein hochpreisiges Geschenk überhaupt keine Begeisterung oder Freude auslöst, sondern sogar die Zufriedenheit des Beschenkten mindert und eher ambivalente bis negative Gefühle auslöst.

Mit der Annahme eines Geschenks ist immer die Anerkennung einer Abhängigkeit verbunden, die nur durch eine entsprechende Gegengabe beendet werden kann. Je teurer das erhaltene Geschenk ist, desto höher ist die vom Empfänger empfundene Spannung und um so ärgerliches ist es für ihn, für den Abbau der Spannung viel Geld auszugeben, das er für diesen Zweck eigentlich nicht ausgeben will oder kann. In dieser Situation kann man das teure Geschenk nicht wirklich genießen.

Aber auch in „unbalancierten" Beziehungen, in denen die Reziprozitätsregel zumindest teilweise außer Kraft gesetzt ist, kann ein teures Geschenk vom Empfänger als unpassend empfunden und sogar zurückgewiesen werden. Bei Verwandtschaftsverhältnissen in direkter Linie ist es zwar beispielsweise üblich, dass Eltern in finanziell überlegener Situation ihren studierenden oder in Ausbildung befindlichen Kindern größere Geschenke machen. Doch auch hier sind Grenzen zu beachten. Wenn ein Geschenk eine solche finanzielle Größenordnung erreicht, dass es von den Kindern als diffuse Verpflichtung für die Zukunft und Einschränkung ihrer Freiheit verstanden wird, erzeugt es psychischen und vielleicht auch realen Widerstand. Bei erwachsenen Geschwistern, zwischen denen seit langem geklärt ist, dass die Einkommens- und Vermögensverhältnisse unterschiedlich sind, kann ein zu teures Geschenk für Unfrieden sorgen. Denn selbst wenn auf beiden Seiten Einvernehmen darüber besteht, dass finanzielle Reziprozität im Austausch weder erforderlich noch erwünscht ist, kann ein sehr hochpreisiges Geschenk nicht als Großzügigkeit, sondern als auftrumpfender Nachweis von Überlegenheit wahrgenommen werden. Es erscheint dann als Manifestation des höheren sozialen Status, und diese führt nicht zur Aufhebung der Reziprozität. Im Gegenteil: In diesem Fall „wird es zu einer von beiden Seiten akzeptierten Norm, daß der Statusunterlegene einen höheren Preis zu entrichten hat" (Hochschild 2006, S. 93), sei es in Form von Dankbarkeitsbeweisen, sei es in Form von Demütigungs- oder Schuldgefühlen.

Damit wird schon deutlich, dass es sich bei der Gegenleistung, zu der sich ein Empfänger verpflichtet fühlt, keineswegs immer um Geld gehen muss. Neben emotionalen Gratifikationen kann es sich beispielsweise auch um Unterstützung, Hilfe und Entgegenkommen handeln. Belk und Coon (1993) untersuchen die Wirkung **teurer Geschenke in Dating-Beziehungen**. Hier kommt es nicht selten vor, dass Männer teure Einladungen aussprechen und diese als Investition betrachten, für die sie etwas anderes als eine Gegeneinladung im vergleichbaren finanziellen Wert erwarten. Trotz aller gesellschaftlichen Veränderungen des Rollenverständnisses sehen die Forscher immer noch die traditionellen Dating-Rollen, in denen Männer die Ausgaben für das Zusammentreffen übernehmen, während Frauen mit Zuneigung, gegebenenfalls auch mit sexuellen Begünstigungen das Geschenkungleichgewicht ausbalancieren. Ein teures Dating-Geschenk, insbesondere zu Beginn einer Beziehung, scheint die erwünschte Gegenleistung offenzulegen und erzeugt somit oft weniger Freude als Widerstand und psychische Abwehr. Viele Empfängerinnen gewinnen den Eindruck, vom Geber unter Druck gesetzt, gekauft oder bestochen zu werden. Um aus dieser unangenehmen Gefühlssituation herauszukommen, entscheiden sich manche Empfängerinnen, nicht trotz, sondern wegen des teuren Geschenks die Dating-Beziehung nicht fortzusetzen (Belk und Coon 1993; Marcoux 2009). Die im Folgenden präsentierte kurze Szene aus Margaret Mitchells Roman „Vom Winde verweht" illustriert hervorragend die Reziprozitätsüberlegungen von Scarlett O'Hara und Rhett Butler bei Gabe und Empfang eines teuren Hutgeschenks. Es zeigt aber auch, dass in diesem Fall die Empfängerin eines sehr hochpreisigen Geschenks – nach einigem Widerstand – eine andersartige „ganz kleine" Gegenleistung als gerechtfertigt ansieht.

Margaret Mitchell: Vom Winde verweht

Die schöne Scarlett O'Hara, im amerikanischen Bürgerkrieg schon als Achtzehnjährige Witwe geworden, trifft in Atlanta auf einem Fest zugunsten der Südstaaten-Armee den gutaussehenden, charmanten und selbstbewussten Rhett Butler wieder, dem sie schon früher einmal begegnet war. Rhett Butler bemüht sich um die junge Witwe, macht sich über ihre schwarze Trauerkleidung lustig, in der sie wie eine Krähe und zudem zehn Jahre älter aussähe, – und dann kommt das Geschenk.

Ein paar Wochen später erschien er an einem strahlenden Sommermorgen mit einer bunt verzierten Hutschachtel in der Hand, und als er sah, daß Scarlett allein zu Hause war, öffnete er sie. Unter Schichten von Seidenpapier steckte ein Hut, bei dessen Anblick sie in die Worte ausbrach: „Ach, wie entzückend!" Sie hatte den Anblick und nun gar den Besitz neuer Kleider so lange bitterlich entbehren müssen, daß ihr dieses Pariser Modell als das entzückendste vorkam, was sie je gesehen hatte."...

Glücklich setzt den Hut auf, posiert damit und fragt dann:

„Ach Rhett, wessen Hut ist das? Ich will ihn kaufen. Ich gebe Ihnen jeden Cent dafür, den ich habe!"

„Das ist Ihr Hut", sagt er, *„wer könnte wohl sonst dieses Grün tragen. Haben Sie etwa gedacht, ich hätte die Farbe Ihrer Augen vergessen?"*

„Haben Sie ihn wirklich eigens für mich machen lassen?", fragt sie, bewundert sich lächelnd, im Spiegel, doch dann verschwindet ihr Lächeln. Sie fragt nach dem Preis, obwohl sie weiß und zugibt, dass sie nicht annähernd über genügend Geld verfügt. Doch Rhett antwortet: *„Aber ich will kein Geld dafür"*, sagte er, *„es ist ein Geschenk."*

Scarlett blieb der Mund offenstehen. Bei Geschenken von Männern gab es eine Linie, die nicht überschritten werden durfte. Sie war sehr genau und sorgfältig gezogen.

‚Bonbons und Blumen, Kind', hatte Ellen wieder und wieder gesagt, *‚und vielleicht noch ein Band Gedichte, ein Stammbuch oder ein Fläschchen Floridawasser, das ist das einzige, was eine Dame von einem Herrn annehmen darf. Nie und nimmer aber kostspielige Geschenke, ... nie Juwelen oder etwas zum Anziehen nicht einmal Handschuhe oder Taschentücher. Sobald du solche Geschenke annimmst, bist du keine Dame mehr, und die Männer wissen es und nehmen sich Freiheiten heraus.'*

„Oh weh", dachte Scarlett und blickte zuerst sich selbst im Spiegel an und dann Rhetts undurchdringliches Gesicht. *„Ich bringe es nicht übers Herz, den Hut auszuschlagen. Er ist zu entzückend. Dann mag Rhett sich schon lieber eine Freiheit herausnehmen, wenn es nur eine ganz kleine ist."*...

„Was haben Sie eigentlich mit mir vor?"

„Ich verführe Sie mit schönen Geschenken so lange, bis von Ihren Mädchenidealen nichts mehr übrig ist und Sie mir auf Gnade und Ungnade ausgeliefert sind", sagte er. *„Nimm von Herren nichts als Bonbons und Blumen, Kindchen"*, spottete er, und sie brach in Kichern aus...

Sie kann sich vom Hut nicht trennen, ermahnt Rhett aber, so etwas Teures nicht wieder mitzubringen, *„Es ist furchtbar nett von Ihnen, aber mehr könnte ich wirklich nicht annehmen"*, und er antwortet ganz offen:

„So? Nun, ich bringe Ihnen Geschenke, solange es mir beliebt und solange ich noch etwas sehe, was Ihren Zauber erhöhen kann. Ich bringe Ihnen dunkelgrünen Moiré für ein Kleid, das zu Ihrem Hut paßt. Und eins will ich Ihnen sagen, nett bin ich nicht. Ich verführe Sie mit Hüten und Stoffen und Schmucksachen und bringe Sie an den Abgrund. Denken Sie immer daran, daß ich nie etwas ohne Grund tue und nie etwas weggebe, ohne dafür etwas zu erwarten. Ich lasse mich immer bezahlen.“...

Scarlett geht durch den Kopf, dass sich Rhett jetzt Freiheiten herausnehmen würde, wie vorausgesagt, dass er sie bestimmt zu küssen versuchen würde, und die Aussicht schreckt sie nicht besonders, dass sich Rhett in sie verlieben könnte. So reagiert sie eher enttäuscht, dass er ihre Frage, *„Also immer lassen Sie sich bezahlen? Und was erwarten Sie nun von mir?“* kühl mit der Bemerkung beantwortet: *„Das werden wir sehen.“*

Margaret Mitchell: Vom Winde verweht. Aus dem Englischen von Martin Beheim Schwarzbach, © der deutschen Übersetzung: 1949 Claassen Verlag in der Ullstein Buchverlage GmbH, Berlin (2000).

Natürlich sind das romanhafte Dialoge in einer Geschichte mit einem sehr spezifischen Ort- und Zeitbezug, spielt die Handlung doch in den Südstaaten der USA im Jahr 1861, dem ersten Jahr des amerikanischen Bürgerkriegs. Aber die Kernbotschaft hat nicht an Aktualität verloren, auch wenn Geber in der Realität sehr selten ihre Forderung auf Bezahlung für ein großzügiges Geschenk so offen und direkt formulieren.

Die Romanszene macht zudem noch einen weiteren Aspekt deutlich, der eine **Voraussetzung** dafür darstellt, dass teure Geschenke Begeisterung und Freude auslösen: Sie müssen exakt den ausgesprochenen oder nicht ausgesprochenen Wünschen des Beschenkten entsprechen. Bei

geäußerten Wünschen gilt diese Voraussetzung hinsichtlich
der Art des Geschenks wie auch bezüglich der gewählten
Variante. Wenn die Ehefrau mit einer teuren Handtasche
liebäugelt, aber eine vielleicht noch teurere Halskette
erhält, ist das Geschenk meist ebenso misslungen wie in
dem Fall, dass der Ehemann eine falsche teure Handtasche wählt. Die genaue Ausführung der vorgegebenen
Geschenkaufgabe erfüllt den Empfänger mit Erleichterung
und Zufriedenheit, selten aber mit Begeisterung. Diese
aber tritt ein, wenn sich die heimlichen – die nicht offen
ausgesprochenen und kaum signalisierten – Wünsche
genau auf dieses teure Produkt richten, der Empfänger
sich aber nie getraut hätte, diesen Wunsch zu äußern,
weil er ihm angesichts bewusster finanzieller Grenzen als
unerfüllbar, in jedem Fall aber als unbescheiden erschien.
In diesen Fällen resultiert die Begeisterung überwiegend
aus den starken Symbolen des teuren Geschenks. Es ist die
große Freude über das Erraten, ja Wissen des geheimen
Wunsches, die Überraschung, etwas Ersehntes unerwartet
zu erhalten und eventuell auch die emotionale Berührung
aufgrund des Wissens um das Opfer, das der Geber mit
dem Geschenk erbringt. In Scarletts Fall kommt wohl
mehreres zusammen: die durchaus große Wertschätzung
des extrem teuren Geschenks und zugleich die Überraschung und Freude mit dem Pariser Hut etwas zu
erhalten, das sie sich nicht einmal heimlich gewünscht hat,
sondern von dem sie erst beim Erhalt weiß und empfindet,
dass das Geschenk alles überhaupt Wünschbare noch über-
trifft.

Ein hoher finanzieller Wert eines Geschenks kann also
zum erwünschten Ergebnis führen, aber es ist keineswegs
davon auszugehen, dass die Wertschätzung der Empfänger
immer mit dem Preis steigt. Ein teures Geschenk wirkt
nicht zwingend als überzeugender Liebesbeweis. Folglich
lautet die Schlussfolgerung von Flynn und Adams (2009,

S. 508): „Instead, it seems that money can't buy love and givers would do well to buy a thoughtful gift, rather than a more expensive one".

Literatur

Belk RW, Coon GS (1993) Gift giving as agapic love: an alternative to the exchange paradigm based on dating experiences. J Consum Res 20(3):393–417

Camerer C (1988) Gifts as economic signals and social symbols. Am J Sociol 94(Supplement: Organizations and institutions: Sociological and economic approaches to the analysis of social structure):180–214

Flynn FJ, Adams GS (2009) Money can't buy love: asymmetric beliefs about gift price and feelings of appreciation. J Exp Soc Psychol 45(2):404–409

Hochschild AR (2006) Das gekaufte Herz. Die Kommerzialisierung der Gefühle. Campus-Verlag, Frankfurt a. M.

Larsen D, Watson JJ (2001) A guide map to the terrain of gift value. Psychol Mark 18(8):889–906

Marcoux J-S (2009) Escaping the gift economy. J Consum Res 36(4):671–685

Mitchell M (2000) Vom Winde verweht, Ullstein Buchverlag, Berlin

5

Der emotionale Wert des Geschenks: Einfühlungsvermögen, Überraschung, Opfer

Im Fokus einer ökonomischen Betrachtung stehen der objektive Wert eines Geschenks, der Preis, und damit aus Gebersicht die finanziellen Kosten, die er zu tragen hat. Man weiß allerdings, dass für den Empfänger meist der emotionale Wert des Geschenks von größerer Bedeutung ist. Damit geraten auch für Ökonomen andere Kostenkategorien des Gebers in den Blick. Sie sprechen dann von ‚Verhaltenskosten‘ mit physischen, psychischen und zeitlichen Kostenkomponenten (Robben und Verhallen 1994). Doch auf eine solche ökonomische Etikettierung kann man gut verzichten, wenn man sich der Frage zuwendet, wie der emotionale Wert geschaffen wird. Denn die hierfür verantwortlichen Mechanismen der Individualisierung und symbolischen Aufladung sind klar zu benennen. Am bedeutendsten sind das Einfühlungsvermögen und die guten Absichten des Gebers, die Überraschung sowie die erbrachten Opfer und auf sich genommenen Mühen bei der Beschaffung und gegebenenfalls bei der persönlichen

Erstellung des Geschenks. All diese Aspekte führen beim Empfänger zu positiven Emotionen, dem eigentlichen Sinn und Ziel eines Geschenks (Ruffle 1999).

Einfühlungsvermögen zeigt sich darin, dass sich das Geschenk nicht an den Vorstellungen des Gebers orientiert, sondern im Hinblick auf die Person des Empfängers individuell ausgewählt ist. Dazu gehört, dass es genau auf die Interessen und Wünsche des Beschenkten abgestimmt ist, dessen aktuelle Situation und Befindlichkeit berücksichtigt und auch im Hinblick auf den Status der Beziehung angemessen erscheint.

Als Maßstab für die Bewertung von Vorliegen und Stärke des Einfühlungsvermögens nehmen Empfänger nicht nur, und oft nicht einmal in erster Linie, das Geschenk selbst. Entscheidender für ihre Einschätzung sind oft Umfang und Intensität der Gedanken, die sich der Geber in der Vorbereitungsphase gemacht hat, um das richtige Geschenk zu finden und auszuwählen. Die entsprechende These lautet: Es ist die Absicht, auf die es ankommt, es sind die Gedanken, die zählen („It is the thought that counts"; Belk 1976; Moreau et al. 2011; Zhang und Epley 2012). Diese These stimmt mit Forschungsergebnissen zu einem verwandten Thema überein, nämlich der Bewertung empfangener Hilfe (Ames et al. 2004). Diese zeigen, dass nur Hilfe, die vom Herzen und aufgrund echter Zuneigung geleistet wird, wirklich vom Empfänger gewürdigt wird und sein Folgeverhalten positiv beeinflusst, im Gegensatz zu einer Hilfe, die nur aufgrund von verpflichtenden Rollenvorschriften oder Kosten-Nutzen-Überlegungen erbracht wird. Mit Bezug auf Schenken heißt dies, ein Empfänger empfindet nur dann einen hohen Wert eines Geschenks und positive Gefühle, wenn er überzeugt ist, dass es aus echter Zuneigung und nicht aus Verpflichtung oder im Hinblick auf eine erhoffte Gegenleistung gegeben wurde. In diesem

Sinne erweitert bzw. konkretisiert Ruth (1996, S. 211) die ‚Absichtsthese': „It is not only ‚the thought that counts' but also the feelings".

Das ist natürlich auch den meisten Gebern bekannt und deshalb bemühen sie sich, im Geschenk ihre Gedanken und die empfundene Nähe der Beziehung zum Ausdruck zu bringen. Dabei treten allerdings bisweilen Schwierigkeiten auf. Zum einen kann es in der Vorbereitungsphase zu **Motivkonflikten** kommen, zum anderen muss der Empfänger in der Austauschphase den Gedankenaufwand auch erkennen.

Bei der Wahl eines Geschenks stehen Geber manchmal vor der Frage, ob sie einem expliziten Wunsch des Empfängers entsprechen oder eine Alternative wählen sollen, die sie speziell für den Empfänger aussuchen. Dabei treten zwei unterschiedliche Motive in Konkurrenz. Auf der einen Seite wollen sie die **Wünsche des Beziehungspartners** erfüllen, auf der anderen Seite aber auch die **besondere Nähe der Beziehung** signalisieren (Ward und Broniarczyk 2016). Diese Situation ergibt sich insbesondere bei der Existenz von Wunschlisten, die für verschiedene Anlässe wie Hochzeiten, Kindergeburtstage oder Jubiläen bei Haushaltsgeschäften und Spielzeuggeschäften hinterlegt oder auf deren Homepages bzw. speziellen Online-Seiten bereitliegen. Mit einer Wunschliste können Empfänger unliebsame Geschenke und Doppelgeschenke vermeiden, und Geber sind auf der sicheren Seite, da sie keine falschen Geschenke machen können (Bradford und Sherry 2013). Allerdings schränkt eine Wunschliste auch die Wahlfreiheit des Gebers ein. Im ersten Kapitel wurde dieser Aspekt bereits betrachtet, und zwar im Hinblick auf das spezielle Problem eines Gebers, durch die vorgegebenen Alternativen ein Geschenk machen zu müssen, das seinem Selbstverständnis und seiner Identität widerspricht. Hier geht es um eine andere Art der eingeschränkten Wahlfreiheit: Bei der Entscheidung für ein Objekt aus dem Wunschkatalog wird dem Geber die Möglichkeit genommen, seine spezielle Beziehung zum Empfänger durch ein frei und individuell ausgewähltes Geschenk auszudrücken. Daraus entsteht die Befürchtung, der Empfänger könnte die Entscheidung negativ interpretieren, etwa in dem Sinne, dass der Geber sich nicht genügend Gedanken und Mühen gemacht habe, um ein gutes Geschenk für ihn zu finden.

In ihrer Studie untersuchen Ward und Broniarczyk (2016), wie sich Geber in diesem Motivkonflikt verhalten. Dabei stellt sich heraus, dass Geber in Bezug auf enge Freunde eher dazu neigen, die expliziten Präferenzen der Empfänger auf den Wunschlisten zu ignorieren. Es dominiert bei ihnen ein stärkeres Verlangen, ihre Geschenkwahl als Beziehungssignal zu nutzen, sie wollen die freundschaftliche Nähe angemessen demonstrieren und entsprechende Anerkennung erhalten. Geschenke, die leicht zu beschaffen, weithin verfügbar oder von den Empfängern vorgeschlagen sind, bieten hierfür keine Möglichkeit.

Psychisch lösen die Geber den Zielkonflikt ihrer Motive oft durch einen kognitiven Anpassungsprozess. Sie nehmen die Geschenkoptionen verzerrt wahr und gelangen zu der Überzeugung, dass das frei gewählte Geschenk mit Beziehungssignalen besser zu den Präferenzen des Empfängers passt als ein Geschenk aus der Wunschliste. Da dies nicht der Realität entsprechen muss, ist die freie Wahl von nicht registrierten Geschenken eine riskante Strategie mit einer verringerten Wahrscheinlichkeit, dass die Geschenke den Empfängern gefallen.

Gegenüber weniger engen Freunden, den Bekannten in größerer emotionaler Distanz, sieht die Situation anders aus. Schenken ist hier mehr eine soziale Verpflichtung, die Geschenke kommunizieren weniger Gefühle und sind in geringerem Maße symbolgeladen. Daher empfinden Geber in diesen Fällen den Motivationskonflikt nicht so stark, sind in geringerem Maße anfällig für Wahrnehmungsverzerrungen der Geschenkoptionen und wählen eher etwas von der Wunschliste aus. Das führt, wie die Autoren sagen, ‚ironischerweise‘ zu der Konsequenz, dass Geber für ihre ferneren Bekannten eher erfolgreiche Geschenke auswählen, während ihr Bestreben, für ihre guten Freunde ein Beziehungssignal zu setzen, sie daran hindert, diesen ein Geschenk zu machen, das deren Präferenzen entspricht (Ward und Broniarczyk 2016, S. 1002).

Dass die mit guten Absichten ausgesuchten Geschenke nicht immer die optimale Wahl darstellen, scheinen auch andere Studien zu bestätigen. So glaubten Teilnehmer in den von Gino und Flynn (2011) durchgeführten Experimenten in ihrer Rolle als Geber, dass Geschenke, die aus einer Wunschliste ausgesucht wurden, vom Empfänger weniger wertgeschätzt würden als Geschenke, die diese nicht ausdrücklich erbeten hatten. Doch die Ergebnisse der Studie widersprachen dieser Vermutung eindeutig. Die Befragten in der Empfängerrolle schätzten den Erhalt eines erbetenen Geschenks mehr als ein nicht gewünschtes, aber wohlüberlegtes Geschenk.

Solche Forschungsergebnisse sind bedenkenswert und aufschlussreich. Sie stellen aber keinen Beweis dar, dass Empfänger in jedem Fall ein frei gewähltes und überlegtes Geschenk zumal eines Freundes, mit dem dieser die besonders enge Beziehung zum Ausdruck bringt, tatsächlich schlechter bewertet als ein Geschenk aus der Wunschliste. Zum einen kommt es auf die jeweiligen zu vergleichenden Geschenke an, zum anderen kann gerade die erkennbare Bemühung, dem spezifischen, persönlichen Verhältnis im Geschenk gerecht zu werden, von hoher symbolischer Bedeutung sein und damit aus Empfängersicht einen überlegenen emotionalen Wert haben.

In diese Richtung lassen sich auch Ergebnisse einer Studie von Givi und Galak (2017) interpretieren. Sie untersuchen den Fall, dass Geber vor der Wahl von Geschenken mit unterschiedlichem emotionalen Wert stehen. Zum einen können sie ein Geschenk wählen, das genau den Vorlieben und dem Geschmack des Empfängers entspricht: ein neues Buch vom Lieblingsautor, ein Fanartikel vom Lieblingsfußballverein oder Lieblingsblumen, also eine Art Geschenk, mit dem sie nichts falsch machen können. Zum anderen handelt es sich um Gaben, die einen gefühlsmäßig höheren Wert haben, beispielsweise weil sie eine positive Erinnerung an ein wichtiges Ereignis oder ein gemeinsames Erlebnis enthalten, etwa ein Foto oder ein Souvenir einer Reise. Auch Geschenke mit höherem Überraschungsgrad und einem größeren Aufwand an Zeit und Mühe gehören dazu. In der Studie zeigt es sich, dass sich Empfänger häufig für die gefühlsmäßig wertvolleren Geschenke entscheiden, doch Geber lieber Geschenke der ersten Kategorie wählen. Zu erklären ist diese Asymmetrie durch den unterschiedlichen Grad an Sicherheit bzw. Unsicherheit, der mit den Geschenken verbunden ist. In der Regel können Geber weitgehend sicher sein, dass Geschenke, die genau den Vorlieben des Empfängers entsprechen, bei diesem auch gut ankommen, während sie bei den gefühlsmäßig wertvolleren Geschenken Unsicherheit bezüglich der Wirkung auf den Empfänger empfinden und deshalb vor der Wahl zurückschrecken. Das heißt in diesem Fall, dass eine wohlüberlegte gefühlsmäßig überlegende Variante nicht gewählt wird, weil der Geber unsicher ist, ob seine gut gemeinten Überlegungen und Absichten auch erkannt und gewürdigt werden.

Dieses Ergebnis deutet implizit auf das zweite genannte Problem hin, das auftreten kann, wenn man sich auf die Gültigkeit der These „It is the thought that counts" verlässt: Es ist nicht sicher, ob der Empfänger die guten Gedanken auch **wahrnimmt.**

Alltagserfahrungen und empirische Studien zeigen, dass Empfänger keineswegs immer die Intentionen und Gedanken des Empfängers reflektieren und richtig einschätzen. Offenbar bedarf es eines besonderen Auslösers, damit Empfänger veranlasst werden, sich selbst Gedanken über die Gedanken des Gebers zu machen. Wenn sie ein Geschenk objektiv gut finden, nehmen sie den gedanklichen Aufwand des Schenkenden meist nicht wahr, bzw. selbst wenn sie ihn wahrnehmen, erhöht dies ihre Wertschätzung und Dankbarkeit nicht. Denn in solchen Situationen ist die objektive Qualität des Geschenks, die sofort sichtbar ist und bewertet werden kann, von primärer Bedeutung, die unsichtbaren Gedanken des Schenkenden aber von sekundärer Relevanz (Zhang und Epley 2012; Galak et al. 2016).

Was veranlasst aber einen Empfänger, die Überlegungen des Schenkers zu reflektieren? Zwei Dinge spielen hier eine entscheidende Rolle. Zum einen die Verletzung von Erwartungen, zum anderen direkte Hinweise des Gebers.

Wenn sich die Wahrnehmung eines erhaltenen Geschenks massiv von den eindeutigen oder auch nur diffusen Erwartungen des Empfängers unterscheidet, werden unmittelbar **kognitive Prozesse** ausgelöst, die eine Erklärung für diese Diskrepanz liefern sollen. Im Fall einer **positiven Diskrepanz** bedeutet dies, dass die Erwartungen des Empfängers an den gedanklichen Aufwand des Schenkers erheblich übertroffen wurden. Das kann darauf zurückzuführen sein, dass der Geber in der Vergangenheit relativ gedankenlose Geschenke gemacht hat. Ebenso ist es denkbar, dass das Ausmaß der Überlegungen, die für das aktuelle Geschenk erforderlich waren, das übliche oder früher erlebte Maß weit übersteigen. Auch das von einer Wunschliste abweichende, aber sehr gelungene Geschenk eines Freundes kann ein solcher gedanklicher Auslöser sein.

Eine erhebliche **negative Diskrepanz** führt ebenfalls zu kognitiven Prozessen und Anpassungen. Wenn ein naher Freund oder ein enges Familienmitglied mit einem Geschenk kommt, das der Empfänger als außergewöhnlich unpassend betrachtet, wird er sich auch nach den Gründen fragen. Dann kann die Interpretation in zwei Richtungen gehen. Einerseits ist es möglich, dass das Erhaltene als Signal für eine geringe gedankliche Investition des Gebers in die Beziehung gesehen wird, was mit entsprechend negativen Gefühlen begleitet wird. Andererseits kann der Empfänger aber auch in seiner gedanklichen Beschäftigung mit dem Geschenk die für die Wahl ursächliche gute Absicht des Gebers entdecken, deren positive Bewertung dann die spontane Enttäuschung reduziert bzw. ausgleicht.

Wenn Geber Zweifel haben, ob der eigene gedankliche Aufwand auch wahrgenommen wird, erscheint es sinnvoll, diesen **offen zu kommunizieren**. Er wird dann bei der Übergabe in den begleitenden Worten erläutern, welche Überlegungen er angestellt hat und welche Intention er verfolgt. Auf diese Weise kann er sicherstellen, dass seine gute Absicht im Sinne einer positiven Wertsteigerung gewürdigt wird.

Da aber nicht jedes Geschenk mit einer Erläuterung versehen werden kann und sich nicht jeder Geber in ein besonderes Licht stellen möchte, empfehlen die Autoren, nicht unbedingt darauf zu vertrauen, dass der eigene gedankliche Aufwand vom Empfänger erkannt wird, und nicht enttäuscht zu sein, wenn dies tatsächlich nicht der Fall ist. Im Zweifel sollten sie sich eher für Geschenke entscheiden, mit denen weniger Gedanken verbunden sind, die aber einen **hohen objektiven Wert** haben: „If you want to give a gift that someone will appreciate, then you should focus on getting a good gift and ignore whether it is a thoughtful gift or not" (Zhang und Epley 2012, S. 679). Bei dieser Empfehlung sollte man aber die einführende Bedingung „im Zweifel" nicht überlesen. Denn in den meisten Fällen haben Empfänger ein feines Gespür für den gedanklichen Aufwand, der mit einem Geschenk verbunden ist und bewerten diesen entsprechend hoch. Insofern scheint es sinnvoll, auch weiterhin von der Gültigkeit der ‚Absichtsthese' auszugehen und nur im Ausnahmefall davon abzuweichen.

Neben oder gemeinsam mit dem Einfühlungsvermögen ist es die **Überraschung**, die beim Empfänger spontane Freude, ja Begeisterung auslösen kann. Kein Wunder, dass Überraschung zu den Eigenschaften gehört, die laut Belk (1996) ein perfektes Geschenk charakterisieren. Überraschung ist in der Regel schon gegeben, wenn man anscheinend ohne jeden Anlass und ohne Aussicht auf eine Gegenleistung ein Geschenk erhält. In den meisten Fällen schenkt man sich allerdings etwas zu einem bestimmten Anlass: zum Geburtstag, zur Verlobung, zum Valentinstag, zum Muttertag oder zu Weihnachten. Und allen Beteiligten ist klar, dass Geschenke überreicht werden. Daher ist nicht die Tatsache, dass man ein Geschenk bekommt, überraschend, sondern welches Geschenk man erhält (Schwaiger 2011, S. 135).

Ein überraschendes Geschenk ist eines, das man keinesfalls erwartet hat. Daher löst diese neue Situation, mit der man unvorbereitet konfrontiert wird, heftige kognitive und emotionale Reaktionen aus. Positiv sind diese Reaktionen selbstverständlich in dem Fall, dass man viel mehr oder etwas viel Besseres erhält als erhofft oder gar etwas, auf das man kaum zu hoffen gewagt hat. Auf diese positiven Reaktionen zielen meist die

Absichten eines Gebers ab. Sich vorzustellen, wie der überraschte Empfänger erstaunt und begeistert mit Mimik, Körpersprache und Worten reagiert, ist Teil seiner Vorfreude. Deshalb gehört zum Schenken auch die subtile Erforschung der Wünsche des Empfängers. Ebenso wichtig sind die Geheimhaltung der Entscheidung, das Verstecken und bisweilen sogar das Aussenden von Signalen, die den Empfänger auf falsche Gedankenwege lenken, etwa wenn Geber vorgeben, keine Geschenkidee zu haben oder mit vermeintlichem Desinteresse auf geäußerte Hinweise reagieren (Clarke 2006). Und wenn die Überraschung gelingt und sich beim Austausch die erhoffte Reaktion tatsächlich einstellt, empfindet der Schenker Stolz und Freude über den Erfolg seines Vorhabens (Ruffle 1999).

Überraschungen können natürlich auch schiefgehen. Insofern gibt es bisweilen böse Überraschungen, beispielsweise wenn ein Geschenk völlig unerwartet als völlig unpassend, dem Anlass unangemessen, geschmacklos oder billig erscheint. Aber auch ein zu großes, zu teures Geschenk kann ein „overkill" sein, eine unangenehme Überraschung darstellen, weil sie dem Stand der Beziehung nicht entspricht (Ruth et al. 1999, S. 393). Probleme können sich auch ergeben, wenn der Beschenkte im Vorfeld explizit einen bestimmten Wunsch geäußert oder vermeintlich deutliche Zeichen gegeben hat, von denen er annimmt, dass sie bestimmt nicht übersehen und richtig decodiert werden (Galak et al. 2016). Wem beim Auspacken des Geschenks unerwartet offenbar wird, dass er das Gewünschte nicht erhält, erlebt eine böse Überraschung, die unmittelbar negative Emotionen wie Enttäuschung und Unzufriedenheit hervorruft; Emotionen, die sich auch in Mimik und Körpersprache ausdrücken und daher nur schwer zu verheimlichen sind.

Dies ist zu bedenken, wenn man einen zu Beschenkenden direkt nach seinen Wünschen befragt oder von diesem eine Wunschliste – gegebenenfalls unter präziser Angabe von Prioritäten – erhält. Wenn man den Auftrag erfüllt, kann man nicht wirklich überraschen; und eine möglicherweise gespielte Überraschung durch den Empfänger ist unglaubwürdig (Ruffle 1999). Wenn man aber den Wunsch nicht erfüllt, überrascht man den Empfänger negativ, was statt Freude unter Umständen Frust auslösen kann. Dies ist besonders mit Bezug auf Geschenke für Kinder zu beachten. Während viele Erwachsene oft wunschlos erscheinen bzw. sich ihren Bedarf unmittelbar befriedigen, ist das bei Kindern anders. Sie wünschen sich etwas ganz Spezielles zum Geburtstag oder zu Weihnachten. Vor dem Weihnachtsfest schreiben und gestalten sie Wunschzettel mit Phantasie, Vorfreude und Hoffnung, und oft auch mit sehr klaren Vorstellungen. Eine österreichische Analyse von Wunschzettelbriefen an das Christkind zeigt beispielsweise, dass ein erheblicher Teil den Charakter von Einkaufs- oder Bestelllisten hat, nicht selten unter Angabe von Markennamen (Waiguny et al. 2012). In einer früheren amerikanischen Analyse von Briefen an Santa Claus erwähnen über 80 % der Kinder mindestens einen Markennamen (Otnes et al. 1994). Überraschung im Sinne einer Abweichung vom Ersehnten ist hier völlig fehl am Platze. Denn wenn Kinder zu solchen Anlässen, die mit besonders hohen Erwartungen verbunden sind, das heiß Gewünschte nicht oder sogar etwas Unerwünschtes bekommen, kann dies von ihnen nur als Ausdruck mangelnder Liebe ihrer Eltern und deren Unkenntnis ihrer Wünsche verstanden werden (Belk 1996). Dennoch ist die Situation nicht immer einfach, auch weil nicht jeder Kinderwunsch schon aus finanziellen Gründen erfüllbar ist, und Kinder auch dazu neigen, recht viele und bisweilen auch wechselnde allergrößte Wünsche zu haben. Eine solche Situation verlangt eine klare frühzeitige Kommunikation der Eltern, um die Erwartungen der Kinder auf ein realistisches Niveau zu bringen und Enttäuschungen zu vermeiden (Otnes et al. 1994).

Die tatsächliche Erfüllung eines Herzenswunsches schafft Begeisterung, die nur noch gesteigert wird, wenn das Geschenk in einer Form erfolgt, die alle Kinderträume übersteigt. Überraschungen durch weitere Gaben erhöhen die Freude, sind aber nicht entscheidend. So erlebt auch der Knabe Hanno die Bescherung am Weihnachtsabend im Hause Buddenbrook, dargestellt im sicherlich berühmtesten Kapitel von Thomas Manns Roman vom Verfall einer Familie, der im Jahre 1929 mit dem Nobelpreis für Literatur ausgezeichnet wurde.

Thomas Mann: Buddenbrooks

Trotz wirtschaftlicher und persönlicher Krisen gibt es im Hause Buddenbrook keine Abstriche am glänzend gefeierten Weihnachtsfest. Die Konsulin überwacht das weihevolle traditionelle Programm in *ihrer Verantwortung für den würdigen Verlauf des Abends, der von der Stimmung einer tiefen, ernsten und inbrünstigen Fröhlichkeit erfüllt sein mußte.*

Nur zwei Kinder sind anwesend. Eines ist Hanno, des Konsuls Thomas einziger Sohn und damit letzter Erbe, der, ein zartes Kind mit musikalischen Interessen, zur Enttäuschung seines Vaters jede Neigung und Eignung zum eigentlich bestimmten Kaufmannsberuf fehlen lässt. Und Hanno wartet mit pochendem Herzen auf die Bescherung:

Was würde drinnen für ihn sein? Das, was er sich gewünscht hatte, natürlich, denn das bekam man ohne Frage, gesetzt, daß es einem nicht als eine Unmöglichkeit zuvor schon ausgeredet worden war. Das Theater würde ihm gleich in die Augen springen und ihm den Weg zu seinem Platz weisen müssen, das ersehnte Puppentheater, das dem Wunschzettel für Großmama stark unterstrichen zu Häupten gestanden hatte und das seit dem ‚Fidelio' beinahe sein einziger Gedanke gewesen war.

Hier hat schon der kleine Hanno die Regel verstanden. Wenn es irgendwie möglich ist, bekommt man den Hauptwunsch erfüllt. Und wenn es nicht möglich ist, dann wird einem dieser Wunsch schon vorher als unmöglich ausgeredet. Aber das Puppentheater ist ihm nicht ausgeredet worden. So kann er schon während der weihnachtlichen Zeremonie von diesem Puppentheater träumen.

Als Entschädigung und Belohnung für einen Zahnarztbesuch hatte er zum ersten Mal mit seiner Mutter das Stadttheater besuchen und einer Aufführung von ‚Fidelio' beiwohnen dürfen. *Seitdem träumte er nichts als Opernszenen, und eine Leidenschaft für die Bühne erfüllte ihn, die ihn kaum schlafen ließ...*

Er stellt sich vor, welche Größe das Puppentheater wohl haben werde, wie der Vorhang wohl aussehen würde, ob auch die Dekorationen zum Fidelio vorhanden sein würden. Die Weihnachtsgeschichte wird vorgelesen, ‚Stille Nacht' gesungen und dann wird beim Singen von ‚O Tannenbaum' die hohe Flügeltür geöffnet und der Blick auf den festlich geschmückten Saal, den Tannenbaum, die Krippe und die Geschenke auf der weißgedeckten Tafel und auf dem Fußboden frei.

Seine Großmutter führt ihn zu einem besonderen Geschenk, einem Harmonium, das aber nur kurz sein Interesse weckt, denn er hat das Theater schon entdeckt.

Er wandte sich dem Theater zu. Das Harmonium war ein überwältigender Traum, aber er hatte doch fürs erste noch keine Zeit, sich näher damit zu beschäftigen. Es war der Überfluß des Glückes, in dem man undankbar gegen das einzelne, alles nur flüchtig berührt, um erst einmal das Ganze übersehen zu lernen... Oh, ein Souffleurkasten war da ein muschelförmiger Souffleurkasten, hinter dem breit und majestätisch in Rot und Gold der Vorhang emporrollte. Auf der Bühne war die Dekoration des letzten Fidelio-Aktes aufgestellt. Die armen Gefangenen falteten die Hände. Don Pizarro, mit gewaltig gepufften Ärmeln, verharrte irgendwo in fürchterlicher Attitüde. Und von hinten nahte im Geschwindschritt und ganz in schwarzem Sammet der Minister, um alles zum besten zu kehren. Es war wie im Stadttheater und beinahe noch schöner. In Hanno's Ohren widerhallte der Jubelchor, das Finale, und er setzte sich vor das Harmonium, um ein Ständchen daraus, das er behalten, zum Erklingen zu bringen...

> Das Harmonium war die Überraschung, sehr schön, sogar überwältigend, aber was wäre gewesen, wenn das Puppentheater gefehlt hätte...
>
> Thomas Mann, Buddenbrooks. © S. Fischer Verlag, Berlin 1901. Alle Rechte vorbehalten S. Fischer Verlag GmbH, Frankfurt am Main (1974).

Neben Einfühlungsvermögen und Überraschung sind es die **Mühen und Opfer**, die ein Geber für ein Geschenk auf sich nimmt, die den emotionalen Wert eines Geschenks ausmachen. Wenn beispielsweise jemand in vielfältiger Hinsicht aktiv wird, große Schwierigkeiten überwindet und viel Zeit aufwendet, um z. B. ein gewünschtes Buch antiquarisch zu erwerben oder ein fehlendes Exemplar einer Münzsammlung zu finden, dann kann er in der Regel erwarten, dass der Empfänger diesen besonderen Einsatz durch Freude und Dankbarkeit honoriert. Das gleiche gilt, wenn das Geschenk mit einem erheblichen Opfer für den Geber verbunden ist. Dieses kann finanzieller Art sein, wenn für jemanden beispielsweise ein Geschenk nur dadurch erschwinglich wird, dass er auf die Erfüllung eigener Bedürfnisse und Wünsche verzichtet bzw. eventuell sogar einen Kredit aufnimmt, den er in der Folge noch lange abzahlen muss. Das Opfer kann aber auch darin bestehen, dass sich der Geber mit dem Geschenk von einem eigenen Objekt trennt, das für ihn selbst einen hohen symbolischen Wert hat. Eine Frau, die zur Hochzeit ihres Sohnes einen besonderen Schmuck ihrer eigenen Mutter nun der Schwiegertochter schenkt, wird dieses wertvolle Erinnerungsstück sicherlich nicht leichten Herzens aus der Hand geben. Wenn sie es aber tut, dann in der Hoffnung, dass die Schwiegertochter das mit dem Geschenk verbundene Opfer würdigt. Grundlegende Voraussetzung ist aber auch hier die entsprechende

Wahrnehmung durch den Empfänger. Nur wenn die Empfänger Einsatz und Opfer des Gebers erkennen, entsteht der emotionale Wert des Geschenks und wird entsprechend gewürdigt.

Ganz offenkundig sind die Mühen eines Gebers, wenn er das Geschenk selber erstellt hat: Selbst genähte Krawatten und gestrickte Pullover, ein Schwibbogen als Laubsägearbeit oder eigenhändig gemalte Aquarelle – solche persönlich verfertigten Geschenke belegen den Einsatz von Geschick und Zeit, und vielfach werden Empfänger dies schätzen und den emotionalen Wert wahrnehmen. Allerdings gilt dies nur uneingeschränkt, wenn es Kinder sind, die ihre selbstgemalten oder -gebastelten Produkte verschenken. Eltern und Großeltern freuen sich in der Regel sehr über ein Bild, das ihnen ihre (Enkel-) Tochter stolz überreicht. Im umgekehrten Fall wäre kaum mit einer freudigen Reaktion zu rechnen.

Bei Erwachsenen sind Eigenarbeiten in der Regel willkommen, wenn es sich um **kleinere Gaben** handelt, die verbraucht werden können – wie Marmeladen oder Lebkuchen, Kerzen oder Seifen. Bei größeren und langfristig sichtbaren Produkten müssen grundsätzlich bestimmte **Voraussetzungen** erfüllt sein, damit sie Freude auslösen. Vor allem muss vermieden werden, dass die **Präferenzen des Schenkenden** dominieren und die Perspektive des Empfängers unbeachtet bleibt. Nur weil jemand recht gut zu malen versteht, müssen die Beschenkten nicht unbedingt Freude an Bildern haben und den Geschmack des Malers teilen. Wenn diese zudem trotz Missfallen das Bild aufhängen, erhöhen sie auch noch die Gefahr, dass solche Geschenke zur Regel werden, sodass sie dem nächsten Anlass eher mit Sorge als mit Freunde entgegensehen.

Die Dominanz der Geberperspektive liegt auch vor, wenn das Geschenk primär der **Selbstdarstellung** dient.

Diejenigen, die eine Geschenksituation dazu nutzen, sich als besonders talentierter Maler, Sänger oder Dichter zu präsentieren, führen allen Anwesenden klar vor Augen, dass für sie nicht der Beschenkte im Vordergrund steht. Dieser ist für sie nur Anlass zur narzisstischen Selbstbeweihräucherung, und auch ein noch so gelungener Auftritt misslingt als Geschenk. Auch muss das Objekt zumindest eine so hohe **Qualität** aufweisen, dass Freude beim Empfang ohne Heuchelei gezeigt werden kann. Eine selbst gestrickte Mütze mit Löchern im Maschenbild oder ein schief zusammengeleimtes Vogelhäuschen ärgern nicht nur bei der Entgegennahme, sondern auch später, wenn man ihrer ansichtig wird. Deshalb landen sie meist auch schnell in der Versenkung und – wenn wenig Rücksicht genommen werden muss – in der Mülltonne.

Ein besonders eindrucksvolles Beispiel für lebenslang unvergesslichen Ärger aufgrund selbstgemachter Geschenke liefert Thomas Bernhard in einer kurzen Szene aus seinem Roman „Auslöschung – ein Zerfall".

Thomas Bernhard: Auslöschung – ein Zerfall

In diesem autobiographisch geprägten Roman rechnet Franz-Josef Murau mit seiner Heimat im oberösterreichischen Wolfsegg ab. Alles hasst er, das nationalsozialistisch-katholisch geprägte Umfeld, seine Eltern, seinen Bruder und seine Schwestern, die ihn zu Weihnachten auch noch mit ihrem Selbstgestrickten (dem „Strickzeug") terrorisieren:

Zu Weihnachten hatten dann alle unter dem Christbaum ihr grausliches Strickzeug liegen und es mußte unter den unglaublichsten Verrenkungen unserer widerspenstigen Körper angezogen und auch noch bewundert werden. Die Weihnachtsnacht sitzen sie in Wolfsegg immer alle mit diesem verpfuschten Strickzeug unserer Schwestern herum wie verstümmelt. Als ob es meine in ihr Strickzeug vernarrten Schwestern darauf angelegt hätten, uns mit diesem geschmacklosen Strickzeug lächerlich zu machen.

> *Als ob sie mit der Wolle wochen- und monatelang Unzucht getrieben hätten. Monatelang beherrschte im Winter vor Weihnachten nichts anderes Wolfsegg, als die Wolle. Am Weihnachtsabend wurden wir von den Schwestern alle in ihre scheußliche Wolle gesteckt und hatten ihnen dafür auch noch herzlichen Dank zu sagen.*
>
> Thomas Bernhard, Auslöschung, in: ders., Werke in 22 Bänden. Band 9. Herausgegeben von Hans Höller. © Suhrkamp Verlag Frankfurt am Main 1986, 2009. Alle Rechte bei und vorbehalten durch Suhrkamp Verlag Berlin (1988).

Es ist somit festzuhalten, dass Geber mit Einfühlungsvermögen, Überraschungen und dem Einsatz von Mühen und Opfern ihren Geschenken hohen emotionalen Wert verleihen können. Dieser Wert ist aber keine objektive Größe, sondern existiert nur in der Wahrnehmung des Empfängers. Deshalb kommt es für Geber darauf an, dass ihre Überlegungen und Gedanken, ihre physischen, zeitlichen und finanziellen Anstrengungen und ihre Opfer vom Empfänger auch erkannt werden. Zudem gilt es, negative Überraschungen zu vermeiden und sicherzustellen, dass sie mit dem Geschenk wirklich den Empfänger und nicht sich selbst in den Mittelpunkt rücken.

Literatur

Ames DR et al (2004) It's the thought that counts: on perceiving how helpers decide to lend a hand. Pers Soc Psychol Bull 30(4):461–474

Belk RW (1976) It's the thought that counts: a signed digraph analysis of gift-giving. J Consum Res 3(3):155–162

Belk RW (1996) The perfect gift. In: Otnes C, Beltramini RF (Hrsg) Gift giving: a research anthology. Bowling Green State University Popular Press, Bowling Green, S 59–85

Bernhard T (1988) Auslöschung. Suhrkamp Verlag, Frankfurt a. M.

Bradford TW, Sherry JF (2013) Orchestrating rituals through retailers: an examination of gift registry. J Retail 89(2):158–175

Clarke P (2006) Christmas gift giving involvement. J Consum Mark 23(5):283–291

Galak J et al (2016) Why certain gifts are great to give but not to get: a framework for understanding errors in gift giving. Curr Dir Psychol Sci 25(6):380–385

Gino F, Flynn F (2011): Give them what they want: the benefits of explicitness in gift exchange. Adv Consum Res 38:198–199

Givi J, Galak J (2017) Sentimental value and gift giving: givers' fears of getting it wrong prevents them from getting it right. J Consum Psycho 27(4):473–479

Mann T (1974) Buddenbrooks. S Fischer Verlag, Frankfurt a. M.

Moreau CP et al (2011) It's the thought (and the effort) that counts: how customizing for others differs from customizing for oneself. J Mark 75(5):120–133

Otnes C et al (1994) All I want for Christmas: an analysis of children's brand requests to Santa Claus. J Popular Cult 27(4):183–194

Robben HSJ, Verhallen TMM (1994) Behavioral costs as determinants of cost perception and preference formation for gifts to receive and gifts to give. J Econ Psychol, 15(2):333–350

Ruffle BJ (1999) Gift giving with emotions. J Econ Behav Organ 39(4):399–420

Ruth JA (1996) It's the feeling that counts: toward an understanding of emotion and its influence on the gift-exchange processes. In: Otnes C, Beltramini RF (Hrsg) Gift giving: a research anthology. Bowling Green State University Press, Bowling Green, S 195–214

Ruth JA et al (1999) Gift receipt and the reformulation of inter-personal relationships. J Consum Res 25(4):385–402

Schwaiger H (2011) Schenken. Entwurf einer sozialen Morphologie aus Perspektive der Kommunikationstheorie. UVK Verlag, Konstanz

Waiguny MKJ et al (2012) When Xmas wishes are brands: wishing behavior of children. In: Eisend M et al (Hrsg) Advances in advertising research, Bd III, Wiesbaden, S 303–319

Ward MK, und Broniarczyk SM (2016) Ask and you shall (not) receive: close friends prioritize relational signaling over recipient preferences in their gift choices. J Mark Res 53(6):1001–1018

Zhang Y, Epley N (2012) Exaggerated, mispredicted, and misplaced: when "it's the thought that counts" in gift exchanges. J Exp Psychol: Gen 141(4):667–681

6

Geschenke als Informationsmedien: Was sie über den Geber und die Beziehung zum Empfänger aussagen

In der Betrachtung des emotionalen Wertes von Geschenken wurde bereits deutlich, was die wissenschaftliche Forschung mehrerer Disziplinen – Ethnographie, Psychologie und Soziologie – übereinstimmend betont: Geschenke sind bedeutsame **Mittel der sozialen Kommunikation**. Sie sind eine Art symbolhafte **Sprache**, mit der wichtige Aussagen über zwischenmenschliche Beziehungen gemacht werden (Caplow 1984; Belk und Coon 1993; Ruth 1996). Diese Sprache des Schenkens haben wir in der Kindheit gelernt, obwohl sie in keinem Lernspiel des Kindergartens geübt und auf keinem Lehrplan der Schule steht. Wir beherrschen die Sprache ein Leben lang, auch ohne dass wir uns ihrer immer bewusst sind. Wir können sie nicht verlernen oder uns entscheiden, sie zu vergessen, genau wie wir unsere Muttersprache nicht vergessen können. Mit jedem Geschenk, das wir erhalten, empfangen wir Botschaften; mit jedem Geschenk, das wir insbesondere denen machen, die uns nahe sind, müssen wir aufpassen, dass wir nicht aus Unachtsamkeit unangenehme oder feindliche Botschaften senden.

Es sind insbesondere **zwei** sensible **Sachverhalte**, über die Geschenke Informationen enthalten: zum einen über die Person des Schenkers, zum anderen darüber, wie der Geber den Empfänger sieht und – damit verknüpft – in welchem **Zustand sich die Beziehung** zwischen den Austauschpartnern befindet.

Geschenke sagen zunächst einmal sehr viel über den **Geber**, seinen Charakter und seine Eigenschaften aus. Das kann gewollt sein, wenn es der Geber darauf anlegt, mit dem Geschenk ein bestimmtes Bild von sich zu vermitteln, wenn er zeigen will, wer er ist, wie er ist bzw. wie er gern gesehen werden möchte (Belk 1979; Wooten 2000). Aber eine Botschaft über den Geber enthält ein Geschenk auch unabhängig von einer gewollten Inszenierung. Denn am Geschenk liest der Empfänger spontan die Höhe der finanziellen und emotionalen Investitionen ab. Er nimmt somit wahr, ob der Geber großzügig oder geizig ist, ob er primär egoistisch an sich und seinen Vorteil oder aber an den Empfänger denkt, ob er sich mit ihm beschäftigt und für ihn Mühen auf sich nimmt oder eben nicht. Geschenke zeigen den Geber also in Bezug auf sein Ich, seine Eigenschaften, das für ihn charakteristische Maß an Empathie, Liebe, Engagement und Freigebigkeit (Belk und Coon 1993). Sie geben zudem auch deutliche Hinweise auf des Gebers Interessen, Vorlieben, Kompetenzen und Geschmack. Ein Geschenk ist somit in hohem Maße eine Selbstdarstellung des Gebers, der einen Teil von sich an den Empfänger überträgt und damit viel von sich preisgibt – entsprechend dem Motto „Zeige mir, was du schenkst, und ich sage dir, wer du bist". Das nachfolgend präsentierte Gedicht „Schenken" von Joachim Ringelnatz bringt diesen

Sachverhalt mit der abschließenden Empfehlung an den Geber auf den Punkt: „Sei eingedenk, dass dein Geschenk Du selber bist".

Joachim Ringelnatz: Schenken

Schenke groß oder klein,
Aber immer gediegen.
Wenn die Bedachten
Die Gaben wiegen,
Sei dein Gewissen rein.
Schenke herzlich und frei.
Schenke dabei,
Was in dir wohnt
An Meinung, Geschmack und Humor,
So daß die eigene Freude zuvor
Dich reichlich belohnt.
Schenke mit Geist ohne List.
Sei eingedenk,
Daß dein Geschenk Du selber bist.

Joachim Ringelnatz, Das Gesamtwerk in sieben Bänden, Band 1, Gedichte 1, Diogenes Verlag (1994), S. 265.

Geschenke enthalten nicht nur wichtige Informationen über den Geber, sondern zugleich darüber, wie der **Geber seine Rolle** in der Beziehung sieht, und damit zugleich, welche Rolle er dem Empfänger zuweist. Otnes et al. (1993) zeigen in ihrer Studie, dass Geschenkgeber gegenüber den Beschenkten sechs verschiedene soziale Rollen einnehmen können: Begünstiger („pleaser"), Versorger („provider"), Sozialisierer („socializer"), Kompensierer („compensator"), Akzeptierer („acknowledger") und Vermeider („avoider").

Der **Begünstiger** wählt Geschenke aus, von denen er annimmt, dass sie dem Empfänger gefallen. Ihm liegt viel daran, dem Empfänger zu beweisen, wie sehr er ihn schätzt und wieviel ihm an der Beziehung zu ihm liegt.

Deshalb kauft er Dinge, die vom Empfänger explizit
gewünscht werden oder von dem er durch Beobachtung
und indirekte Hinweise sicher ist, dass sie den Wünschen
des Empfängers entsprechen. Und er kauft das entsprechende Objekt auch in dem Fall, dass die Geschenke
nicht dem eigenen Geschmack entsprechen. Auch
selbst erstellte Dinge werden verschenkt, allerdings nur
im definitiven Wissen, dass diese Geschenke wirklich
erwünscht sind. Und in Kenntnis der speziellen Interessen
und Wünsche macht er sich auch auf die Suche nach
einem ‚Schatz‘, der nur für den Empfänger von besonderer
Bedeutung ist. In jedem Fall lautet die Botschaft des
Geschenks „Ich will dir die größtmögliche Freude
machen".

Der **Versorger** macht typischerweise nützliche
Geschenke, von denen er annimmt, dass sie den
Empfängern fehlen, die sie aber nicht unbedingt
wünschen. Meist handelt es sich um Gebrauchsgegen-
stände. Versorger besorgen die Geschenke meist schon im
Voraus, kaufen also beispielsweise Weihnachtsgeschenke
während des ganzen Jahres und haben einen bestimmten
Ort – wie ein Fach im Schrank – zur Aufbewahrung der
Geschenke. Oft ist es ihnen auch wichtig, viele Geschenke
zu machen, um ihr Kümmern für den Empfänger auch
quantitativ auszudrücken. Die Botschaft ihrer Geschenke
lautet demnach „Ich kümmere mich um deine Bedürfnisse".

Der **Kompensierer** bemüht sich, mit Hilfe seines
Geschenks dem Empfänger zu helfen, mit einem Verlust
fertig zu werden, den dieser gerade erlebt oder erlebt hat.
Es ist so eine Art Trostpflaster in schwieriger Zeit, beispielsweise in der Phase nach dem Verlust eines Familienmitglieds oder auch nach einer finanziellen Einbuße.
Weitere Anlässe können psychisch und physisch schmerz-
hafte Vorkommnisse sein wie eine Scheidung, der Wegzug

der Kinder oder ein Unfall. Die Rolle des Kompensierers hat Elemente des Begünstigers und des Versorgers. Insofern werden von ihm auch die Geschenkstrategien gewählt, die bei diesen beiden Rollen beobachtet werden. Die Botschaft ist aber spezifisch: „Ich nehme Anteil an deiner schwierigen Lage und möchte dir etwas Linderung verschaffen".

Der **Sozialisierer** nutzt Geschenke als Instrument, um den Empfänger zu erziehen und ihm neue Werte oder Wissen zu vermitteln, auch wenn diese Geschenke vielleicht nicht erwünscht sind. Hier geht es nicht in erster Linie darum, dem Empfänger zu gefallen, sondern ihn in eine gewisse Richtung zu lenken und zu entwickeln. Oft werden solche Geschenke von Eltern für ihr Kinder gewählt, allerdings nicht als alleinige Strategie, sondern in Kombination mit einer anderen Rolle, vor allem der des Begünstigers, um keine Enttäuschungen zu produzieren. Dennoch bleibt als dominierende Botschaft „Ich weiß, was für dich gut ist".

Der **Akzeptierer** erkennt (notgedrungen) die Tatsache an, dass eine Beziehung besteht, die ein Geschenk erfordert. Er macht also nur Geschenke, weil er dies als obligatorisch empfindet. Das gilt insbesondere gegenüber Personen, die eher am Rande des sozialen Netzwerks stehen, die weit entfernt wohnen und mit denen kaum Erfahrungen im Geschenkeaustausch bestehen. In analoger Weise wird die Rolle des Akzeptierers bei engeren Verwandtschaftsverhältnissen eingenommen, wenn die Beziehung eingetrübt und spannungsgeladen ist. Hier werden die Empfänger vor allem als schwierig angesehen und entsprechende Strategien gewählt, auf die in Kap. 9 eingegangen wird. Die meist wenig kreativen und kaum individualisierten Geschenke der Akzeptierer kommunizieren: „Hier kommt mein Geschenk, weil es halt üblich ist".

Ein **Vermeider** strebt danach, den Aufbau von Beziehungen zu verhindern oder zu minimieren, indem er sich nicht auf den Austausch von Geschenken einlässt. Mit dieser Weigerung ist eine abweisende Botschaft verbunden, die unterschiedlich harsch ausfallen kann. Sie reicht von „Kein Interesse an einer näheren Beziehung zu dir" bis „Du bist es mir generell oder derzeit nicht wert, ein Geschenk zu erhalten".

Selbstverständlich können einzelne Geber gegenüber verschiedenen Empfängern auch unterschiedliche Rollen spielen, ein Phänomen, für das die Autoren die Metapher ‚Chamäleon' wählen (Otnes et al. 1993, S. 232). Denn gerade bei großen Geschenkanlässen wie Weihnachten sind viele Mitglieder eines sozialen Netzwerkes zu bedenken, wobei sich diese Beziehungen sehr unterscheiden können. Empfänger, zu denen ein sehr enges oder ein sehr loses bzw. ein sehr positives, gleichgültiges oder negatives Verhältnis besteht, sind zeitgleich zu bedenken, was dazu führt, dass Geber ihre Rolle jeweils in Abhängigkeit von der Art der Beziehung variieren.

Geschenke informieren den **Empfänger** also darüber, welche dieser Rollen der Geber einnimmt und welche Rolle ihm damit zugewiesen wird, und der Beschenkte bewertet dieses Rollenverständnis. Eindeutig negativ besetzt ist selbstverständlich die Rolle des Vermeiders, da der Geber klar signalisiert, dass er eine Schwächung oder Auflösung der Beziehung anstrebt. Eher negativ wird auch die Rolle des Akzeptierers wahrgenommen, der nur schenkt, weil er sich verpflichtet fühlt. Grundsätzlich positiv fällt dagegen die Bewertung des Begünstigers aus, der sich an den Wünschen des Empfängers orientiert. Allerdings reicht die positive Intention nicht aus. Der Geber muss auch seine detaillierte Kenntnis des Empfängers belegen, weil Unkenntnis auch Symbolcharakter hat. So gehören Kleidungsstücke in der falschen

Größe zu den enttäuschenden Standardgeschenken. Frauen empfinden es besonders kritisch, wenn sie übergroße Kleidungsstücke erhalten, was als ein Beleg erscheint, dass der Geber sie dicker einschätzt als sie sind. Genauso fühlen sich Kinder und Jugendliche beleidigt, wenn sie Spielzeug oder Accessoires erhalten, die ihnen signalisieren, dass sie als zu jung und klein eingeschätzt werden (Caplow 1984). Eher wertschätzend wird auch die Rolle des Kompensierers wahrgenommen, da man die gute Absicht der Hilfe und des Trostes positiv bewertet.

Ambivalenter ist die Situation in den anderen Rollen. Wenn der Geber die Rollen des Sozialisierers und des Versorgers einnimmt, sind zwar ebenfalls gute Absichten vorhanden, aber es dominiert die Geberperspektive. Daraus können sich Probleme ergeben, wenn Empfänger den Eindruck bekommen, dass ihre Interessen oder ihr Geschmack nicht ausreichend respektiert oder sie kontrolliert werden. So lehnen oft Teenager-Töchter Kleidungsgeschenke ihrer Mütter ab, nicht nur weil sie diese als unpassend oder missglückt ansehen, sondern weil sie Autonomie über ihre Kleidungswahl gewinnen wollen (Corrigan 1989). Und dieser Rollenkonflikt geht weit über die Teenager-Phase hinaus. So zeigt eine Studie von Liu et al. (2019), dass sich auch erwachsene Töchter gegen Geschenke ihrer sozialisierenden Mütter wehren, mit denen diese sie erziehen oder moralisch lenken wollen. Umgekehrt leisten ältere Mütter gegen die sozialisierenden Bemühungen der Töchter Widerstand, wenn diese zwar objektiv sinnvolle, das Leben im Alter erleichternde Produkte schenken, deren Nutzung aber die Mütter als Eingriff in ihre bewährten Vorgehensweisen und in ihren Lebensstil ansehen und ablehnen.

Ähnliche Probleme können bei der Einnahme der Versorgerrolle auftreten. Versorger orientieren sich zwar an den Bedürfnissen des Empfängers – oder besser: an dessen objektivem Bedarf – aber das ist nur eine erfolgreiche Strategie, wenn die Wünsche des Empfängers in diese Richtung gehen. Wenn Eltern ihrem Kind durchaus nützliche Geschenke machen, diese aber von ihm als erneuten Beweis der elterlichen Nichtbeachtung und Nichtachtung seiner geistigen Interessen oder künstlerischen Ambitionen interpretiert werden, ist die Beziehung beeinträchtigt.

Mit den Informationen über das Verständnis des Gebers, die seines Erachtens ihm selbst und dem Austauschpartner zukommen, werden bereits wichtige Aussagen über den **Stand der Beziehung** aus Gebersicht kommuniziert. Aber Empfänger verstehen noch eine Fülle weiterer Aspekte des Schenkens und der wahrgenommenen finanziellen und emotionalen Investitionen als Aussagen über Art und Intensität der Beziehung.

Charakteristische Eigenschaften von Geschenken wie Qualität und Preis, das Ausmaß an gedanklichen Überlegungen und Empathie, Zeit und Einsatz bei Vorüberlegungen, Auswahlstrategien und Beschaffung, sie alle geben Informationen über die Enge und Wärme einer Beziehung (Otnes et al. 1993; Joy 2001). Wo die Beziehung erkaltet, sinken die Investitionen, und sinkende Investitionen in die Beziehung signalisieren wiederum, dass die Beziehung an Intensität verliert. Lieblose Geschenke verdeutlichen, dass Lieblosigkeit in einem Verhältnis herrscht. Insofern gelten Geschenke als wichtige Indikatoren der Beziehungsstärke und -qualität (Ruth et al. 1999) bzw. als „Gradmesser einer Beziehung" (Schwaiger 2011, S. 119), ja, sie symbolisieren geradezu die Beziehung (Sherry 1983).

Eine besonders positive und beziehungsstärkende Wirkung haben Geschenke, die Botschaften einer wahrgenommenen Ähnlichkeit und gemeinsamer guter Erinnerungen enthalten.

Inwieweit sich Partner als **ähnlich** empfinden, ist in allen Phasen einer Beziehung ein entscheidender Faktor für die Zufriedenheit in dem Verhältnis und dessen Stabilität. Daher gelten auch Geschenke als wesentliches Indiz für zwischenmenschliche Ähnlichkeit in Bezug auf Interessen und Geschmack und damit für die Kompatibilität der Beteiligten (Belk und Coon 1993; Larsen und Watson 2001; Dunn et al. 2008). Das gilt besonders für Partnerbeziehungen. Hier haben Geschenke große Symbolkraft, indem sie zeigen, ob man zueinander passt. ‚Unpassende' Geschenke reduzieren die wahrgenommene Ähnlichkeit und sind geeignet, die Beziehung zu schwächen, während ‚passende' Geschenke die Ähnlichkeitswahrnehmung erhöhen und beziehungsstärkend wirken (Caplow 1984; Dunn et al. 2008).

Ähnlichkeit zeigt sich vor allem darin, dass sich die Partner für die **gleichen Dinge** begeistern, etwa für Kunst, Literatur oder Reisen. Ähnliche Interessen erleichtern es, passende Geschenke zu machen. Man weiß aus Studien, dass Vorhersagen darüber, welche Produkte ihre Partner gern hätten, in erster Linie durch die eigenen Produktpräferenzen bestimmt werden (Davis et al. 1986). Dementsprechend können Menschen, die ihrem Geschenkpartner ähnlich sind, auch bessere Vorhersagen machen, also richtigere Geschenkentscheidungen treffen. Zugleich schafft Interessenähnlichkeit auch Möglichkeiten des Austauschs über das Geschenk, eventuell auch eine Gelegenheit für die gemeinsame Nutzung, beispielsweise beim Besuch eines Konzerts oder einer Kreuzfahrt mit der Folge geteilter Erinnerungen. Genauso Positives gilt für Ähnlichkeiten in Geschmacksfragen. Wie man seit den Arbeiten des französischen Soziologen Bourdieu (1987) weiß, sind Unterschiede im Geschmack nicht nur als individuelle Neigungen zu verstehen, sondern vor allem als Ausfluss unterschiedlicher milieuspezifischer

Prägungen. Daher haben diese geschmacklichen „feinen Unterschiede" eine besonders trennende Wirkung, während Gemeinsamkeiten im Geschmack Zugehörigkeit signalisieren. Dementsprechend verstärken geschmacksidentische Geschenke dieses Signal.

Während es in der bisherigen Betrachtung um die Ähnlichkeit der Geschenkpartner ging, prüfen andere Forscher die Wirkung der Ähnlichkeit eines materiellen Geschenks mit Objekten im eigenen Besitz des Gebers. Polman und Maglio (2017) untersuchen dieses Phänomen, wobei der von ihnen gewählte Begriff der Ähnlichkeit den Sachverhalt nicht ganz exakt trifft. Sie gehen nämlich der Frage nach, ob es eine positive Wirkung auf die Wertschätzung eines Geschenks durch den Empfänger hat, wenn dieser weiß, dass der Geber das identische Objekt besitzt oder auch für sich gekauft hat. Tatsächlich stellen sie einen ‚Begleitungseffekt' („companionizing effect") fest. Danach schätzen Empfänger ein Geschenk allein deshalb mehr, weil sie wissen, dass das erhaltene Objekt ein gleiches im Besitz des Gebers ‚begleitet'. Nach Erkenntnissen der Forscher ist dieser Effekt nicht darauf zurückzuführen, dass der Empfänger den Sachverhalt des gleichen Besitzes als Indikator für eine bessere Qualität, einen erhöhten Einsatz von Mühen oder eine schon vorher bestehende Nähe in der Beziehung ansieht. Erklärt wird der Begleitungseffekt durch den Umstand, dass Menschen, die etwas gemeinsam haben, ein Gefühl der Verbindung entwickeln. Das gilt für verschiedenste Aspekte wie der gleiche Vorname, der gleiche Geburtstag, die gleichen Reisen – und ebenso auch für materielle Dinge. Die Tatsache, dass der Geber dasselbe Objekt auch für sich selbst erworben hat, verbindet und erinnert den Empfänger bei der Nutzung an den Geber. Insofern erscheint es für den Geber sinnvoll, bei der Übergabe darauf hinzuweisen, dass es sich um ein ‚Begleitgeschenk' handelt.

Besonders positive Emotionen und Gedanken lösen Geschenke aus, deren Botschaften in der Wiederbelebung glücklich erlebter **gemeinsamer Augenblicke** bestehen. Es sind Geschenke wie der Katalog einer besuchten Ausstellung, ein Bildband eines kürzlich erlebten Reiseziels, ein Souvenir aus dem Museumshop. Sie alle haben einen bleibenden Wert, weil sie an einen Moment der besonders engen Verbundenheit und des gemeinsamen Erlebens erinnern. Selbst erstellte Fotobücher repräsentieren diesen Geschenktyp besonders eindrucksvoll. Sie halten noch einmal geballt die guten Augenblicke der letzten Zeit fest, die wunderbaren Tage zu zweit, Eindrücke von den Reisen, Familienfeiern, die Besuche mit den Enkeln im Zoo und im Freizeitpark. Jedes Aufschlagen eines solchen Buchs aktiviert die damaligen positiven Erlebnisse, bietet Gelegenheit, sich gemeinsam an die Anlässe und die im Gedächtnis bereits verblichenen Einzelheiten (Kleidung, Sehenswürdigkeiten, Wetter, Vorkommnisse) zu erinnern. Daher machen solche Geschenke nicht nur bei der Entgegennahme Freude, sondern werden meist als Symbole der emotionalen Bindung lange behalten, weil sie frühere positive Erfahrungen und Emotionen aktivieren, eine Art „Gedächtnis erzeugen" (Schwaiger 2011, S. 118) und mit der Erinnerung die gefühlte Gemeinsamkeit vertiefen.

Geschenke kommunizieren also eine Vielzahl von Informationen über den Geber, dessen Sicht auf den Empfänger und den Stand der Beziehung. Insofern ist es erforderlich, schon bei allen Überlegungen in der Vorbereitungsphase zu bedenken, welche Botschaften man senden möchte bzw. wie Empfänger etwaige Botschaften decodieren könnten. Ein falsches Wort kann man meist zurücknehmen, ein falsches Geschenk kaum.

Literatur

Belk RW (1979) Gift giving behavior. In: Sheth JN. (Hrsg.) Research in marketing, Bd 2. JAI Press, Greenwich, S 95–126

Belk RW, Coon GS (1993) Gift giving as agapic love: an alternative to the exchange paradigm based on dating experiences. J Consum Res 20(3):393–417

Bourdieu P (1987) Die feinen Unterschiede. Kritik der gesellschaftlichen Urteilskraft, 27. Aufl. Suhrkamp, Frankfurt a. M.

Caplow T (1984) Rule enforcement without visible means: Christmas gift giving in Middletown. Am J Soc 89(6):1306–1323

Corrigan P (1989) Gender and the gift: the case of the family clothing economy. Sociol 23(4):513–534

Davis HL et al (1986) An anchoring and adjustment model of spousal predictions. J Consum Res 13(1):25–37

Dunn EW et al (2008) The gift of similarity: how good and bad gifts influence relationships. Soc Cogn 26(4):469–481

Joy A (2001) Gift giving in Hong Kong and the continuum of social ties. J Consum Res 28(2):239–256

Larsen D, Watson JJ (2001) A guide map to the terrain of gift value. Psychol Mark 18(8):889–906

Liu C et al (2019) Gift-giving within adult daughter-mother dyads, In: Minowa Y, Belk RW (Hrsg) Gifts, romance, and consumer culture. Routledge, New York, S 141–152

Ringelnatz J (1994) Schenken. In: ders.: Das Gesamtwerk in sieben Bänden, Bd 1, Gedichte 1. Diogenes Verlag, Zürich

Otnes C et al (1993) Gift selection for easy and difficult recipients: a social roles interpretation. J Consum Res 20(2):229–244

Polman E, Maglio SJ (2017) Mere gifting: liking a gift more because it is shared. Pers Soc Psychol Bull 43(11):1582–1194

Ruth JA (1996) It's the feeling that counts: toward an understanding of emotion and its influence on the gift-exchange processes. In: Otnes C, Beltramini RF (Hrsg) Gift giving: a research anthology. Bowling Green State University Press, Bowling Green, S 195–214

Ruth JA et al (1999) Gift receipt and the reformulation of interpersonal relationships. J Consum Res 25(4):385–402

Schwaiger H (2011) Schenken. Entwurf einer sozialen Morphologie aus Perspektive der Kommunikationstheorie. UVK Verlag, Konstanz

Sherry JF (1983) Gift giving in anthropological perspective. J Consum Res 10(2):157–168

Wooten DB (2000) Qualitative steps toward an expanded model of anxiety in gift-giving. J Consum Res 27(1):84–95

7

Geschenke in romantischen Beziehungen: Was fördert und was schwächt die Beziehung?

Der emotionale Wert von Geschenken und die in Geschenken enthaltenen Botschaften über den Geber, seine Sicht auf den Empfänger und die Intensität der emotionalen Bindung sind besonders in romantischen Beziehungen bedeutsam. Denn Schenken ist in aller Welt eine Form der Übermittlung romantischer Emotionen, eine großartige Möglichkeit, über ein materielles Objekt immaterielle Gefühle der Zuneigung, Intimität und Leidenschaft zu kommunizieren. Dies erfolgt im Rahmen von Ritualen wie dem Valentinstag, bei Übergangsriten wie Verlobung und Hochzeit, aber auch bei zwanglosen Anlässen, die nur dazu dienen, die romantische Beziehung zu initiieren, zu erhalten oder zu stärken. Angesichts dieser Bedeutung verwundert es nicht, dass sich die Schenkforschung diesem Anwendungsbereich mit besonderer Aufmerksamkeit widmet (Belk und Coon 1993; Otnes et al. 1994; Rugimbana et al. 2003; Saad und Gill 2003; Schiffman und Cohn 2009).

© Der/die Autor(en), exklusiv lizenziert durch Springer-Verlag GmbH, DE, ein Teil von Springer Nature 2021
B. Stauss, *Das perfekte Geschenk*,
https://doi.org/10.1007/978-3-662-63620-6_7

Eine romantische Beziehung ist von einer gewissen Dauer und unterscheidet sich daher von einer ganz kurzzeitigen Liebelei oder einem Flirt (Huang und Yu 2000). Das Hauptaugenmerk der auf das Schenken bezogenen Untersuchungen und Analysen liegt auf der frühen Phase einer Liebesbeziehung, die durch unbegrenzte Leidenschaft für eine andere Person charakterisiert und mit intensiven Gefühlen der Anziehung, Faszination und Idealisierung verbunden ist. Auf dieser Stufe der Beziehung werden Geschenke geradezu als ‚Balztechnik' („courtship tactic") verwendet (Nepomuceno et al. 2016, S. 27), und selbst kleine Geschenke wie eine Rose stellen eine romantische Geste dar, die den Wunsch nach einer intensiveren Beziehung signalisiert.

Aber die romantische Liebe ist keine Konstante, sondern verändert sich im Zeitablauf, so dass sich verschiedene Phasen mit fließenden Übergängen unterscheiden lassen, von gelegentlichen Treffen über regelmäßiges Dating, ausschließliches Dating, Zusammenleben, Verloben und Verheiraten bis sich – im glücklichen Fall – der Zeitraum des langen Zusammenlebens anschließt. Hier sei nur grob zwischen **zwei Phasen der romantischen Liebe** unterschieden. Zum einen handelt es sich um den anfänglichen Beziehungsaufbau, der durch Leidenschaft mit den genannten starken Gefühlen charakterisiert ist (‚beginnende Liebe' oder ‚Dating'), zum anderen um die Liebe in langfristigen Beziehungen, die weniger erotisch bestimmt ist, eher kameradschaftlichen Charakter hat und hilft, dass Partner zusammenbleiben (‚dauerhafte Liebe').

Auf die **beginnende Liebe** hat bereits Belk (1996) Bezug genommen, als er seine Charakterisierung des perfekten Geschenks als Ausdruck der selbstlosen Liebe am Beispiel eines jung verliebten Paares entwickelte. Dieses Ideal des Schenkens unter Paaren (Minowa und Belk 2019, S. 38) entspricht dem Paradigma der ,agapischen' Liebe, bei dem ökonomische Austauschüberlegungen der Reziprozität keine Rolle spielen, sondern ein altruistischer Geber ein ausdrucksstarkes Geschenk einem Empfänger macht, den er in seiner Einzigartigkeit erkennt und idealisiert (Belk und Coon 1993).

In den Forschungsarbeiten zu Geschenken in der Phase der beginnenden Liebe stehen verschiedene Fragestellungen im Fokus. Insbesondere werden Antworten gesucht auf die Fragen, welche besonderen Anlässe es für romantische Geschenke gibt, welche Motive Geber in romantischen Beziehungen mit ihren Geschenken verfolgen, welche Anforderungen ein perfektes romantisches Geschenk erfüllen muss, um die gewünschten Emotionen auszulösen und welche Arten von Geschenken sich gerade in romantischen Beziehungen als besonders geeignet erweisen.

Bezüglich der **Anlässe** hat insbesondere der **Valentinstag** besondere Aufmerksamkeit erhalten. Dieser hat seinen Ursprung im mittelalterlichen britischen Brauchtum, sich aber inzwischen fast weltweit als kommerzieller Feiertag durchgesetzt, an dem es gilt, die romantische Liebe durch Geschenke zu feiern. Angesichts der kulturellen Verankerung ist der Valentinstag nicht nur von hoher symbolischer, sondern auch von erheblicher ökonomischer Bedeutung (Rugimbana et al. 2003). In den USA planten die Menschen im Jahr 2021 Ausgaben für Valentinstagsgeschenke in Höhe von knapp 22 Mrd. \$, ein Betrag, der – vermutlich bedingt durch die Corona-Pandemie-Krise – erstmals niedriger als im Vorjahr (27, 4 Mrd. \$) ausfällt (statista 2021b).

Das unternehmerische Marketing demonstriert und fördert zugleich diese Bedeutung. Mit einer Fülle von Anzeigen, TV-Werbung, Online-Kommunikation und Auslagen bzw. Sonderflächen in den Geschäften vermittelt es schon Wochen im Voraus die Botschaft, dass

an diesem Tag Schenken für die oder den Liebsten
Pflicht ist, und schürt damit die Erwartungen, schenken
zu müssen, aber auch ein Geschenk zu erhalten. Dabei
prägen die Bilder von glücklichen Paaren auch die Vorstellungen von den am Tag zu erlebenden Gefühlen der
Nähe und Gemeinsamkeit, die durch Geschenke erreicht
werden. Insbesondere Männer werden als potenzielle
Käufer angesprochen, und ihnen werden Geschenk- und
Verhaltensvorschläge gemacht. Dabei erhalten sie oft Hinweise, die auch über die traditionellen Geschenke wie
Blumen oder Süßigkeiten hinausgehen, etwa den Tag dazu
zu nutzen, der Liebsten mit einem Verlobungsring den Tag
unvergesslich zu machen, was natürlich auch auf Seiten
von Frauen Erwartungen weckt. Als Folge davon kommt
es auch vor, dass die erhofften und erwünschten positiven
Gefühle der Liebe, Zuneigung und Intimität nicht immer
ausgelöst werden, weil Erwartungen unerfüllt bleiben. Von
einem solchen Fall handelt ein Valentinstags-Erlebnis, das
eine Frau im Rahmen einer empirischen Studie beschreibt.
Ihr Freund hatte sie zu einem sehr extravaganten Picknick
eingeladen und ihr bei dieser Gelegenheit ein besonderes
Päckchen mit Godiva-Schokolade überreicht. Angesichts
der Umstände hatte sie erwartet, in der schönen Verpackung einen Verlobungsring zu finden. Als aber die
Schokoladenpackung tatsächlich nur Schokolade ent-
hielt, war sie enttäuscht, und der ganze Tag war damit
kontaminiert (Close und Zinkhan 2006, S. 363).

Eine Umfrage zum Valentinstag 2020 macht deutlich,
welche Geschenke Männer und Frauen in Deutschland
für diesen Anlass als ungeeignet bzw. geeignet ansehen.
Wenig überraschend, bewerten mehr als 70 % der
befragten Männer und Frauen Möbel, Haushaltsgeräte,
Elektrogeräte und Geld als ‚gar nicht gut' oder ‚eher nicht
gut' (statista 2021c, S. 17). Demgegenüber halten 85 %
der Frauen (F) und 82 % der Männern (M) Blumen

für ‚sehr gut' oder ‚eher gut', die damit den Spitzenplatz einnehmen. Auch Süßigkeiten/Pralinen (81 %
F, 69 % M), Schmuck (75 % F, 67 % M) und Parfüm
(74 % F, 69 % M) werden hoch gerankt. Bemerkenswert
erscheint, dass an zweiter Stelle nach den Blumen mit dem
Restaurantbesuch bereits ein Erlebnisgeschenk platziert ist
(87 % F, 80 % M) und dass immerhin 61 % der Frauen
auch einen Gutschein für ein geeignetes Geschenk halten
(aber nur 48 % der Männer; statista 2021c, S. 15). Auch
in Österreichs „Top Ranking" der beliebtesten Geschenke
am Valentinstag 2021 gehören ‚Gutscheine' und ‚Erleb-
nisse/Ausflüge etc.' zu den fünf beliebtesten Geschenk-
kategorien aus einer Liste, die von ‚Blumen/Pflanzen'
und ‚Schokolade/Pralinen/Süßigkeiten' angeführt wird;
Geschenke, für die die Österreicher in dem Jahr durchschnittlich 72 € ausgeben– „so viel wie nie" (statista
2021a, S. 39).

Hinsichtlich der **Motive und Absichten** des
romantischen Schenkens könnte man meinen, hier würde
allein aus Altruismus gehandelt. Das ist aber nicht der
Fall, insbesondere nicht, wenn man anlass-, eigenschafts-
und genderspezifische Faktoren in die Betrachtung einbezieht. Dabei kann man auf das Motivkonzept von
Wolfinbarger (1990) zurückgreifen, die drei Motivgruppen unterscheidet. Neben ‚Altruismus' („altruism
giving") als selbstloses Schenken ohne Erwartung einer
Gegenleistung sind dies ‚Eigeninteresse' („self-interested
giving") als Absicht, die eigene Situation zu verbessern
und Konflikte zu vermeiden, sowie Verpflichtung im Sinne
der Einhaltung sozialer Normen („gift-giving as a norm"),
sei es die Norm zum Gegengeschenk im Sinne der Reziprozitätsregel, sei es die Norm, sich an Rituale zu halten,
z. B. zu bestimmten Anlässen wie Weihnachten oder
Geburtstag ein Geschenk zu machen (Goodwin et al.
1990).

Im Hinblick auf den **spezifischen Anlass Valentinstag** liegen für Deutschland Befragungsergebnisse vor, die sich in Bezug auf die Motivlage interpretieren lassen. Auf die Frage „Aus welchem Grund feiern Sie Valentinstag" gab es im Jahre 2018 folgende Verteilung auf die Antwortkategorien: „Um meine Liebe zu zeigen": 80 %, „Weil es mir Freude macht zu schenken": 48 %, „Weil es Tradition geworden ist": 27 % und „Weil es von mir erwartet wird": 9 % (statista 2021c, S. 3). Es dominiert demnach ganz eindeutig das altruistische Motiv, der eigenen Liebe Ausdruck zu verleihen. Auch die Freude, der geliebten Person ein Geschenk zu machen, findet – mit großem Abstand – viel Zustimmung und kann wohl überwiegend diesem Motiv zugeordnet werden, eventuell auch teilweise dem Eigeninteresse. Es wird aber auch deutlich, dass externer Druck wie allgemeine traditionelle oder spezielle persönliche Erwartungen das Schenken veranlassen und damit zu einer Verpflichtung machen.

Inwieweit dieser Druck empfunden, die Freude zurückdrängt und der Verpflichtungscharakter in den Vordergrund rückt, ist offenbar von verschiedenen Einflussgrößen abhängig. Nguyen und Munch (2011) zählen dazu in ihrer Studie zum Schenken in romantischen Beziehungen neben situativen Faktoren und Aspekten der Beziehungsqualität auch grundlegende **persönliche Prädispositionen der Bindung.** Dabei beziehen sie sich auf Erkenntnisse der Attachment-Theorie (Bindungstheorie), die sich mit der Entstehung enger Beziehungen aufgrund frühkindlicher Erfahrungen mit den wichtigsten Bezugspersonen und der Entwicklung von Bindungsbeziehungen im weiteren Lebenslauf befasst. Sie unterscheiden zwischen sicheren und unsicher-vermeidenden Bindungstypen. Während die sicheren durch ein positives Selbstverständnis und Vertrauen in die Beziehung charakterisiert sind, befürchten unsicher-vermeidende Typen ständig, verlassen und vernachlässigt zu werden. Dementsprechend lässt sich attachmenttheoretisch vermuten, dass sichere Beziehungstypen mehr Spaß am Schenken haben, das sie als ideales Mittel ansehen, ihre Liebe zu zeigen, während unsicher-vermeidende in Geschenken vor allem ein notwendiges Mittel sehen, um die Beziehung abzusichern.

Darüber hinaus scheinen auch **genderspezifische** Unterschiede eine wichtige Rolle zu spielen. Darauf weist eine US-amerikanische Studie von Rugimbana et al. (2003) hin. Die Forscher untersuchen die Motive von jungen Männern für ihre Geschenke zum Valentinstag, und hier zeigt es sich, dass bei der befragten Gruppe das Pflichtmotiv eindeutig dominiert. Für die jungen Männer ist das Schenken zu diesem Anlass, wie es ein Befragter ausdrückt ‚etwas, das man einfach tun muss' (Rugimbana et al. 2003 S. 69), weil die Partnerin dies erwartet. Auf dieses stark empfundenen Gefühl der Verpflichtung führen Otnes et al. (1994) auch die Tatsache zurück, dass Männer eine weniger positive Einstellung zu diesem Feiertag haben als Frauen. Neben der Verpflichtung scheint auch das Motiv des Eigeninteresses bei Männern stärker ausgeprägt zu sein. So zeigt beispielsweise die Studie von Saad und Gill (2003, S. 769), dass Männer stärker taktisch-instrumentelle Ziele mit ihren Geschenken verfolgen als Frauen, um mit ihren Ressourcen zu protzen, ihre Großzügigkeit zur Schau zu stellen oder sie als Mittel zur Verführung zu nutzen.

Die zu den Motiven präsentierten Forschungsergebnisse lassen sich nicht auf eine einfache Formel bringen, sind aber dennoch aufschlussreich. Sie zeigen zum einen, dass alle drei Motivgruppen eine Rolle spielen und diese sicherlich nicht präzise voneinander zu trennen sind, sondern auf komplexe Weise miteinander verwoben sind. Zum anderen zeichnet es sich ab, dass es auch von Art und kultureller Verankerung des Anlasses sowie von Persönlichkeitseigenschaften und Geschlecht des Gebers abhängen kann, welche Motivkonstellation vorherrscht.

Die **Anforderungen an ein Geschenk** in romantischen Beziehungen sind selbstverständlich die gleichen, die für ein perfektes Geschenk charakteristisch sind, darunter vor allem diejenigen, die an jedes Geschenk mit einem hohen emotionalen Wert gestellt werden: Einfühlungsvermögen, Überraschung und Opfer. Allerdings sind diese Anforderungen hier besonders hoch. Gerade mit Geschenken, die mit hohem **Einfühlungsvermögen** individuell für den Partner gewählt sind und dem Stand der Beziehung exakt gerecht werden, zeigen Geber die Ernsthaftigkeit und Tiefe ihrer Gefühle. Es muss daher kaum betont werden, dass Standardgeschenke von graualltäglicher Nützlichkeit – wie ein Wischmopp-Eimer – in romantischen Beziehungen völlig fehl am Platze sind (Belk 1996, S. 64).

Wie dem Einfühlungsvermögen, so kommt auch dem **Überraschungsmoment** in diesem Zusammenhang eine noch größere Rolle als sonst zu, da es geeignet ist, beim Empfänger positive Gefühle von besonderer Intensität auszulösen; und es ist dessen emotionale Reaktion, die wiederum auch beim Geber starke Emotionen der Freude und Zusammengehörigkeit hervorruft (Sherry et al. 1993; Gupta und Gentry 2019). Studien zu Geschenken in Dating-Beziehungen belegen die große Wirkung von Überraschungen. Befragte berichten, dass ihnen kleine überraschende Geschenke ohne formellen Anlass viel mehr bedeuten als zahlreichere und größere Geschenke zu festgelegten Anlässen wie Weihnachten oder Geburtstag (Belk und Coon 1993). Und manche große überraschende Geschenke stellen geradezu emotionale Höhepunkte in einer romantischen Beziehung dar. Gupta und Gentry (2019, S. 69) lenken die Aufmerksamkeit auf unsere inneren Bilder von Filmepisoden, in denen ein meist männlicher Liebhaber eine kleine quadratische Schachtel öffnet und ein Verlobungsring zum Vorschein kommt, worauf die meist weibliche Protagonistin mit hoch emotionaler Überwältigung reagiert. Diese Szene zeigt offenbar das größte und bedeutsamste Überraschungsgeschenk, das jemand von einem Liebsten bekommen kann.

Auch große **Mühen und Opfer**, die ein Geber auf sich nimmt, um dem Empfänger mit einem Geschenk eine Freude zu machen, sind gerade in romantischen Beziehungen starke Liebesbeweise. Das zeigt besonders eindrucksvoll die im Folgenden knapp zusammengefasste berühmte Weihnachtsgeschichte „Das Geschenk der Weisen" von O'Henry. Sie handelt von zwei Liebenden, die jeweils ein großes Opfer bringen, um dem anderen ein Geschenk machen zu können, und es sind diese Opfer, die ihre tiefe Liebe zum Ausdruck bringen.

O'Henry: Das Geschenk der Weisen

In dieser wunderbaren Kurzgeschichte, die im Dezember 1905 zum ersten Mal in der Sonntagsbeilage der damals größten amerikanischen Zeitung, dem New York Sunday World Magazine, veröffentlicht wurde, geht es um ein junges Ehepaar, Jim und Della Dillingham, das so arm ist, dass es kaum die Miete für seine kleine möblierte Wohnung in New York bezahlen kann. In keinem Fall verfügen die beiden über genügend Geld, um sich gegenseitig ein wirkliches Weihnachtsgeschenk machen zu können.

Allerdings besitzen die Dillinghams zwei Dinge, die ihnen sehr wertvoll sind. Das eine ist Jims goldene Uhr, geerbt von seinem Vater und Großvater. Das andere ist Dellas glänzend braunes Haar, das ihr bis unter die Kniekehlen reicht. Um ihrem Jim ein schönes Geschenk machen zu können, ringt sich Della dazu durch, ihr wunderschönes

Haar abschneiden zu lassen und an eine Perückenmacherin zu verkaufen. Von dem Geld ersteht sie eine teure Kette für dessen kostbare Taschenuhr.

Als Jim nach Hause kommt, starrt er sie an und Della fürchtet, Jim könnte über den Verlust ihrer Haare verärgert sein:

„Jim, Liebster", rief sie, „sieh mich nicht so an. Ich hab mein Haar abschneiden lassen und verkauft, weil ich Weihnachten ohne ein Geschenk für dich nicht überlebt hätte. Es wird wieder wachsen – du nimmst es nicht tragisch, nicht wahr? Ich mußte es einfach tun. Mein Haar wächst unheimlich schnell. Sag mir fröhliche Weihnachten, Jim, und laß uns glücklich sein. Du ahnst nicht, was für ein hübsches, wunderschönes Geschenk ich für dich bekommen habe".

Doch Jim reagiert liebevoll und gibt ihr ein Päckchen, das seine anfängliche Fassungslosigkeit erklären wird.

„Täusch dich nicht über mich, Dell", sagte er. „Du darfst nicht glauben, daß so etwas wie Haar schneiden oder stutzen oder waschen mich dahin bringen könnte, mein Mädchen weniger liebzuhaben. Aber wenn du das Päckchen auspackst, wirst du sehen, warum du mich zuerst eine Weile aus der Fassung gebracht hast."

Er hat eine Garnitur Kämme gekauft, die Della seit langem in einem Broadway-Schaufenster bewundert hatte. Wunderschöne teure Kämme, echt Schildpatt mit juwelenverzierten Rändern, nach denen sie sich gesehnt hatte, aber natürlich nicht einmal im Traum hätte vorstellen können, sie einmal zu besitzen. Um diese teuren Kämme erstehen zu können, hatte Jim seine Taschenuhr verkauft.

Beide opfern für ein Geschenk, mit dem sie dem anderen eine große Freude machen wollen, was ihnen sehr wertvoll und wichtig ist und machen zudem das Geschenk des anderen eigentlich unbrauchbar. Aber wegen des Opfers sind beide von dem Geschenk berührt und dankbar als besonderer Beleg ihrer Liebe.

Im Schlussabsatz stellt O'Henry einen Bezug zu den Weisen aus dem Morgenland her:

Die Weisen waren, wie ihr wißt, weise Männer – wunderbar weise Männer –, die dem Kind in der Krippe Geschenke brachten. Sie haben die Kunst erfunden, Weihnachtsgeschenke zu machen. Diese Geschichte hier handelt von Della und Jim, *die höchst unweise die größten Schätze ihres Hauses füreinander opferten. Doch mit einem letzten Wort sei den heutigen Weisen gesagt, daß diese beiden*

> *die weisesten aller Schenkenden waren. Von allen, die*
> *Geschenke geben und empfangen, sind sie die weisesten.*
> *Überall sind sie die weisesten. Sie sind die wahren Weisen.*
>
> O'Henry, Das Geschenk der Weisen, aus: O'Henry.
> Unschuldsengel vom Broadway. Erzählungen. A. d.
> Amerikanischen von Christine Hoeppener. Rütten &
> Loening Berlin (1961), © Aufbau Verlag GmbH &Co. KG,
> Berlin 1961, 2008.

Bedeutung und Wirkung von Geschenken in romantischen Beziehungen hängen wesentlich auch von **der Art des Geschenks** ab. In der Schenkforschung werden verschiedene Arten im Hinblick auf unterschiedliche Aspekte untersucht – wie ‚gemeinsame‘, Erlebnis- und erotische Geschenke.

Huang und Yu (2000) richten den Blick auf die Tatsache, dass in romantischen Beziehungen verschiedenartige Geschenke je nach primärem Adressanten(kreis) gewählt werden. Dementsprechend unterscheiden sie zwischen Selbstgeschenken („self-gifts"), Geschenken an andere („other-gifts") und gemeinsamen Geschenken („joint-gifts"). Selbstgeschenke dienen vor allem dazu, die eigene Attraktivität in den Augen des Partners und damit das Selbstwertgefühl zu steigern. Hierfür eignen sich vor allem Produkte wie Parfüm, Kosmetika, Kleidung und andere sichtbare Accessoires. Sie bleiben hier allerdings entsprechend der vorgenommenen thematischen Eingrenzung außer Betracht. Die „other gifts" sind die üblichen Geschenke der symbolischen Kommunikation, mit der sich Partner gegenseitig ihrer Liebe versichern. Die „joint gifts" sind geschenkte Objekte, die beide Partner besitzen und welche die äußere Welt über den Stand der Beziehung informieren. Als Beispiele nennen die Autoren gleiche bzw. zueinander passende Uhren oder Kleidungsstücke, die von beiden Partnern getragen werden (Huang und Yu 2000, S. 183).

Die Forscher gehen der Frage nach, wie sich die Geschenke für andere bzw. die **gemeinsamen Geschenke** auf die Dauer bzw. Stabilität einer Beziehung auswirken. In ihrer Untersuchung kommen sie zu dem Ergebnis, dass „other gifts", die private Liebesbeweise darstellen, die Auflösung einer Beziehung hinauszögern, wenn sich der Geber durch die Reaktion des Empfängers verstanden und bestätigt fühlt. Wenn der Geber allerdings die Reaktion auf sein Geschenk als desinteressiert oder anderweitig unangemessen empfindet, können solche Geschenke sogar den Zeitpunkt der Auflösung einer Beziehung beschleunigen. Abweichend davon und eindeutig fällt die Wirkung von „joint gifts" aus. Die öffentliche und beiderseitige Demonstration der Beziehung hat einen stabilisierenden Effekt, sodass solche gemeinsamen Geschenke zumindest bei der untersuchten studentischen Population die Gefahr der Auflösung einer romantischen Beziehung senken.

Eine andere Art von Geschenken in romantischen Beziehungen findet in der Forschung besonderes Interesse, nämlich **Erlebnisgeschenke**. Diese haben eine eher vernachlässigbare materielle Komponente und gestatten es den Partnern, gemeinsam etwas Besonderes zu erleben. Schon die oben dargestellten Befragungsergebnisse zu den beliebtesten Geschenken zum Valentinstag in Deutschland und Österreich weisen auf die Bedeutung dieser Geschenkart hin, gehören doch ‚Restaurantbesuch' und ‚Ausflüge/Erlebnisse' zu den meistgenannten Kategorien. Zu den Erlebnisgeschenken gehört eine breite Palette von Möglichkeiten wie der Besuch eines Konzerts oder einer Ausstellung, eine Tages-Tour oder eine Städtereise, eine Kreuzfahrt oder eine Bergwanderung, ein Hubschrauberflug oder ein Wellness-Wochenende.

Schon unabhängig von romantischen Beziehungen gelten Erlebnisgeschenke im Verhältnis zu materiellen Objekten als überlegen, da sie zu mehr Glücksgefühlen und Zufriedenheit führen. Eine ganze Reihe von Gründen wird zur Erklärung dieser Überlegenheit angeboten und empirisch nachgewiesen (Van Boven und Gilovich 2003; Carter und Gilovich 2010; Capraiello und Reis 2013):

- Im Gegensatz zu materiellen Objekten bleiben Erlebnisgeschenke nicht äußerlich, sondern werden oft zum langfristigen Bestandteil unseres Selbst und der eigenen Identität. Ein reicher Schatz an Erlebnissen macht ein reicheres Leben.
- Erlebnisgeschenke veralten nicht. Neue Produkte bleiben nicht lange neu. Eine modische Bluse ist nicht lange modisch. Das aktuelle Smartphone ist schon sehr bald nicht mehr aktuell, dann technisch überholt, nicht mehr kompatibel und sorgt am Ende für Ärger, so dass es ersetzt werden muss. Ein gelungenes Wochenende in den Bergen bleibt dagegen lange in guter Erinnerung.
- Erlebnisgeschenke können mit der Zeit sogar noch gewinnen, weil sich die Erlebnisse in der Erinnerung verschönern. Die Anstrengungen einer Bergwanderung werden in der Rückschau mit Stolz und Freude aufgeladen und positiv verzerrt. Das gilt selbst für ursprünglich negative Ereignisse, etwa den Gewitterregen während der Wanderung, bei der man vergessen hatte, Regenzeug mitzunehmen. Solche Vorkommnisse können zu positiv-wertvollen Erinnerungen an bewältigte Herausforderungen werden; Effekte dieser Art treten bei materiellen Dingen nicht auf.
- Erlebnisgeschenke sind singulärer, weniger austauschbar und damit tendenziell weniger vergleichbar als ein geschenktes Objekt. Bei einem Produkt liegt es für den Empfänger sehr viel näher, qualitative und preisliche

Alternativen gedanklich zum Vergleich heranzuziehen. Aber keine Wanderung gleicht vollkommen der anderen.

- Erlebnisgeschenke weisen häufig die wichtigsten für ein optimales Geschenk charakteristischen Eigenschaften auf. Sie sind oft mit hohem Einfühlungsvermögen genau auf die Wünsche des Empfängers abgestimmt. Auch enthalten sie in der Regel ein Überraschungsmoment, da man nicht alle Aspekte des Erlebens voraussehen kann, und immer Unerwartetes auftritt oder auftreten kann. Zudem kann die Überraschung noch in das Erleben integriert werden, indem dem Empfänger zunächst die Details nicht mitgeteilt werden. In diesem Fall wird er nur aufgefordert, sich bereit zu halten, und er erhält Informationen zu notwendiger Kleidung und mitzunehmenden Dingen, wobei einige davon täuschenden Charakter haben können, um eine größere Überraschung zu inszenieren. Zudem erfordern Erlebnisgeschenke in vielen Fällen einen hohen Einsatz von Mühen und zeitlichen Opfern, beispielsweise bei der vorbereitenden Planung und Organisation. All dies wird vom Empfänger honoriert (Clarke 2007).
- Erlebnisgeschenke haben sozialen Charakter. Sie werden mit anderen, mit der Familie, Freunden und Partnern gemeinsam erlebt, was die familiären, freundschaftlichen und partnerschaftlichen Bande verstärkt. Und die Erfahrungen, die man mit anderen teilt, machen glücklicher als materielle Objekte, die allein besessen und nur individuell genutzt werden.
- Der soziale Charakter kommt auch darin zum Ausdruck, dass Erlebnisse sehr viel stärker zum Gegenstand von Gesprächen gemacht werden. Man teilt sein Erleben mit anderen und aktiviert damit auch immer wieder das eigene und gemeinsame Erleben, was zugleich die positiven Emotionen erneut hervorruft und verstärkt.

Offensichtlich sind all diese Gründe starke Argumente dafür, dass sich Erlebnisgeschenke in romantischen Beziehungen als besonders geeignet erweisen, wie auch empirische Studienergebnisse bestätigen. Die Untersuchungen von Chan und Mogilner (2017) zeigen, dass die Emotionen, die mit Erlebnisgeschenken verbunden sind, stärker ausfallen als bei materiellen Geschenken. Und es sind diese starken Emotionen, die einen besonders positiven Einfluss auf die wahrgenommene emotionale Beziehungsstärke haben, d. h. das Ausmaß erhöhen, in dem sich die Partner einander nahe und miteinander verbunden fühlen sowie zufrieden mit ihrer Beziehung sind (Clarke 2007, 2013). Das ist auch plausibel, da die Emotionen nicht nur beim Empfang des Geschenks entstehen, sondern auch noch beim Erleben des Events selbst, und zwar in besonderer Stärke, wenn das Geschenk gemeinsam mit dem Partner erlebt wird. Dazu kommt die Nachwirkung in der geteilten Erinnerung. Angesichts dieser Wirkung auf die romantische Beziehung ist es nur konsequent, wenn Van Boven und Gilovich ihren Aufsatz „Erleben oder besitzen? Das ist die Frage" („To Do or to Have? That Is the Question") mit der Empfehlung an Geber schließen, nach dem Motto einer amerikanischen Nonprofit-Organisation zu handeln: „more fun, less stuff" („mehr Spaß, weniger Kram') (Van Boven und Gilovich 2003, S. 1201; newdream 2021).

Eine sehr spezielle Art von Geschenken in romantischen Beziehungen steht im Mittelpunkt der Forschung von Nepomuceno et al. (2016): **erotische Geschenke**. Sie gehen der Frage nach, inwieweit das Schenken erotischer Produkte von Männern an Frauen hormongesteuert ist, genauer, wie sich pränatales Testosteron als maskulines Sexualhormon diesbezüglich auf das romantische Schenken von Männern auswirkt. Als Indikator für pränatales Testosteron gilt das Fingerlängenverhältnis, insbesondere das Verhältnis der Länge des Zeigefingers (2D = Finger 2, digit) im Vergleich zur Länge des Ringfingers (4D). Ein niedriger Wert der Ziffernrelation 2D:4D korrespondiert mit einem hohen Testosteron-Östrogen-Verhältnis. Alternativ wird als Indikator auch das Fingerlängenverhältnis rel2 verwendet, das die Länge der vier Finger zum Zeigefinger ins Verhältnis setzt und sich in manchen Studien als valider erwiesen hat. Die Autoren ziehen beide Kriterien bei ihrer Studie heran.

Es gibt eine Vielzahl von Forschungsergebnissen, die darauf hinweisen, dass Männer mit einem größeren pränatales Testosteron-Östrogen-Verhältnis auch mehr als typisch männlich geltende Merkmale und Eigenschaften aufweisen wie Aggressivität oder Risikobereitschaft. In Anwendung auf Aspekte des Konsumverhaltens zeigen Aspara und Van den Berg (2014), dass Männer mit einem entsprechend niedrigen Zahlenverhältnis auch eher Produkte und Farben mit einem maskulinen Image bevorzugen. Auf der Basis dieser Erkenntnisse und dem Wissen, dass Männer mit hohen pränatalen Testosteron-Östrogen Verhältnis auch einen relativ starken Sexualtrieb haben, kommen die Forscher zu der Hypothese, dass sich diese hormonelle Beschaffenheit auch auf das Schenkverhalten von Männern auswirkt. Tatsächlich belegt ihre Studie, dass Männer mit hohem pränatalen Testosteron-Östrogen-Verhältnis einen größeren Wunsch verspüren, erotische Geschenke wie Dessous oder Erotikartikel ihrer Partnerin zu schenken. Allerdings führen nicht alle diesen Wunsch auch aus. Sexbezogene Objekte können zu Situationen und Gefühlen der Peinlichkeit führen. Daher haben in der Studie nur Männer mit einem zugleich hohen Selbstvertrauen in ihre Fähigkeit, leicht sexuelle Kontakte herbeiführen zu können, auch den Mut, ihre Absicht, erotische Geschenke zu machen, in die Tat umzusetzen.

Weit weniger hormongetrieben als in der Zeit der ersten Verliebtheit und des jungen gemeinsamen Glücks in einer beginnenden Liebe sind die romantischen Beziehungen in ehe- und eheähnlichen **dauerhaften Verhältnissen.**

Schiffman und Cohn (2009) untersuchen die Dynamik des Schenkverhaltens bei verheirateten Paaren, und zeigen auf, wie sich dieses Verhalten mit der jeweiligen **Phase im Lebenszyklus** (z. B. der Geburt von Kindern) verändert und welche Konstellationen sich ergeben, je nachdem ob Übereinstimmung zwischen den Partnern hinsichtlich der Einschätzung des finanziellen oder emotionalen Werts von Geschenken besteht. Die Autoren unterscheiden dementsprechend zwischen einem symbolischen und einem ökonomischen Regelwerk fürs Schenken. Das symbolische Regelwerk entspricht dem Verständnis von Geschenken als symbolische Kommunikation und bewertet alle Aspekte des emotionalen Werts von Geschenken wie Einfühlungsvermögen, Überraschung und Mühen hoch. Demgegenüber umfasst das ökonomische Regelwerk Vorstellungen über Aspekte des finanziellen Werts von Geschenken, eine starke Beachtung der hierfür eingesetzten Ressourcen und rationale sowie pragmatische Überlegungen, auch zur Verwendung von Geld als Geschenk und zur vorsorglichen Berücksichtigung von Umtauschmöglichkeiten. Wenn Eheleute dieselben Regelwerke verwenden, ist dies unproblematisch. Wenn diese sich allerdings unterscheiden, dann liegt eine Bewertungsdiskrepanz vor. In diesem Fall identifizieren die Autoren drei unterschiedliche Strategien der Ehepaare:

1. Anpassung: Häufig sind es die Männer, die nach den ökonomischen Regeln handeln, die aber lernen (müssen), die von ihren Ehefrauen gewünschten symbolischen Regeln zu beachten und Harmonie herstellen, indem sie sich bemühen, sich entsprechend regelkonform zu verhalten.

2. Akzeptanz: Auch hier folgen die Partner unterschiedlichen Regelwerken. Allerdings folgen Männer allen
symbolischen Regeln, während Frauen dies nur in
ihrer Rolle als Empfänger tun. Das heißt, wenn sie
Geschenke empfangen, zählt für sie der emotionale
Wert, während sie in Bezug auf ihre Geschenke für den
Ehemann eher rational-pragmatisch vorgehen, was aber
nicht zu Konflikten führt, weil diese die Vorgehensweise
akzeptieren.

3. Zusammenstoß: Hier gelingt keine wirkliche
Anpassung oder Akzeptanz. Zwar versuchen auch hier
Frauen, Männern die symbolischen Regeln beizu-
bringen, aber diese leisten hartnäckigen Widerstand
gegen die Erziehungsversuche. Da Frauen dies als
Regelbruch und Ausdruck mangelnder Liebe ansehen,
kommt es zu Konflikten. Wenn sie nicht gelöst werden
können, nehmen Frauen dies oft auf lange Sicht hin
mit einer genderspezifischen Begründung: ‚Typisch
Mann, eben'.

Während hier die Situation unterschiedlicher Bewertungs-
muster in dauerhaften Beziehungen behandelt werden,
gehen andere Forscher der Frage nach, wie sich die
Liebe in langjährigen Beziehungen verändert und wie
sich die Veränderung auf das romantische Schenken von
Paaren auswirkt. Diese Frage untersuchen Minowa und
Belk (2019) in Tiefeninterviews mit älteren japanischen
Männern und Frauen, und sie entwickeln auf dieser Basis
ihr Konzept der „**gorgic love**", was man sinngemäß mit
„**dauerhafte Liebe**" übersetzen kann.

Diese ist nicht wie die erotische Liebe durch Leidenschaft und körperlicher Attraktivität charakterisiert,
sondern durch eine eher kameradschaftliche Zuneigung,
Wertschätzung und Fürsorge, beruhend auf dem
gemeinsam Erlebten und geteilten Werten. Die Autoren

sehen dieses „gorgic love"-Modell als einen spezifischen Typ des Schenkens an, der die im zweiten Kapitel vorgestellte Typologie des ökonomischen und sozialen Austauschs sowie der uneigennützigen Liebe ergänzt. Wie die uneigennützige Liebe („agapic love") unterscheidet sich die dauerhafte Liebe („gorgic love") von den austauschtheoretischen Konzepten dadurch, dass das Schenken nicht egoistisch auf den eigenen Nutzen ausgerichtet ist, sondern an den Bedürfnissen des Empfängers. Die Geschenke der dauerhaften Liebe sind allerdings von denen der altruistischen Liebe insofern verschieden, dass wie weniger ausdrucksstark zelebriert als empathisch würdigend, weniger leidenschaftlich als bedacht, weniger idealistisch als realistisch, weniger altruistisch als kameradschaftlich ausfallen. Zudem sind sie oft nicht nur individuell vom Empfänger zu nutzen, sondern ermöglichen eine gemeinsame Verwendung, was der liebevollen Beziehung zugutekommt (Minowa und Belk 2019, S. 45).

Ihre Studie zeigt, dass sich drei Dimensionen der dauerhaften romantischen Liebe unterscheiden lassen: Das reife Verständnis vom ‚perfekten Geschenk', die Gestaltung von Nähe und die Sorge ums Wohlergehen.

Das reife **Verständnis vom ‚perfekten Geschenk'** in dauerhaften Liebesbeziehungen lässt sich durch Wertschätzung, Bereicherung des Alltagslebens und Vereinfachung charakterisieren.

Wertschätzung: In langjährigen Beziehungen bieten romantische Geschenke eine gute Gelegenheit, Anerkennung und Wertschätzung gegenüber dem geliebten Partner auszudrücken. Man hat das Bedürfnis Dank zu sagen für die jahrlange Loyalität, Unterstützung und Hilfe. Geschenke drücken Anerkennung aus für die Leistung des anderen in dem gemeinsamen Leben,

Leistung in Beruf, Haushalt und Kindererziehung bzw. einfach für die Tatsache, dass man so lange zusammen die Höhen und Tiefen des Lebens durchgestanden hat. In dieser Situation geht es weniger darum, zu bestimmten Anlässen wie Hochzeitstag oder Geburtstag ein großes Geschenk zu machen, sondern um liebevolle Gesten, ausgedrückt etwa durch Blumen oder eine Einladung in ein nahegelegenes vertrautes Restaurant.

Bereicherung des Alltagslebens: Ein ‚perfektes Geschenk' in einer Beziehung, die sich in der Reifephase befindet, liegt auch vor, wenn es mit seiner Hilfe gelingt, das Leben neu wahrzunehmen, Gelegenheiten für neue Sinneseindrücke zu schaffen und damit den Alltag zu bereichern. Bei Geschenken dieser Art handelt es sich weniger um materielle Güter, sondern um die Schaffung von Anlässen für neue gemeinsame Erfahrungen und Erlebnisse: die Einladung in ein neues Spezialitätenrestaurant, Karten für einen Theaterabend oder einen Gutschein für eine Kurzreise übers Wochenende. In allen Fällen geht es darum, die dauerhafte Beziehung auf eine noch breitere Basis zu stellen und den Beziehungsstil im vorangeschrittenen Alter zu verändern.

Vereinfachung: Der Wunsch, das Leben weniger komplex zu machen, sich zu entlasten und den nicht-notwendigen Konsum zu reduzieren, kann ebenfalls das Schenken beeinflussen. Der Geber verzichtet darauf, mit dem Geschenk den meist schon überquellenden Haushalt mit weiteren Dingen zu füllen und sucht nach Alternativen, die das Leben erleichtern und einen weniger konsumorientierten Lebensstil ermöglichen. Auch unterstützt der Wunsch nach Vereinfachung die Neigung, materielle Dinge durch Geschenke zu ersetzen, die gemeinsame Erfahrungen ermöglichen.

Eine zweite Dimension der dauerhaften Liebe betrifft die **Gestaltung von Nähe,** die wiederum auf dreierlei Weise erfolgen kann, durch Reflexion über den Sinn des Lebens, eine Neudefinition der Beziehungsnähe und durch Rückschau.

Reflexion über den Sinn des Lebens: Im Alter denkt man intensiver über das eigene Leben und den Sinn der eigenen Existenz nach, und Anlässe für Geschenke an den Partner sind zugleich Anlässe für entsprechende Reflexionen, insbesondere über den Wert der persönlichen Beziehung und die Nähe zum Partner. Gegebenenfalls wird die eigene Rolle in der Beziehung reflektiert, werden Versäumnisse in der Vergangenheit bewusster wahrgenommen und die romantische Beziehung in verändertem Licht gesehen. Dann können Geschenke dazu dienen, ein neues Rollenverständnis einzuüben, etwa indem man den Partner ermuntert, seine bisher zurückgestellten Interessen und Hobbies zu verfolgen, oder indem man neue soziale Kontaktmöglichkeiten schafft, etwa in Form einer Gruppenreise oder gemeinsamer Aktivitäten in Verein und Ehrenamt.

Neudefinition der Beziehungsnähe: Mit dem Nachdenken über das eigene Leben und die Beziehung ist verbunden, dass Schenkende im höheren Lebensalter die Nähe in der Beziehung reflektieren und neu definieren. Die Verbundenheit der Partner und ihre gegenseitige Abhängigkeit wachsen mit der Zeit. Identitätsstiftende Werte werden geteilt, Perspektiven nähern sich an. Solche liebevollen Verbindungen benötigen nicht mehr des Beweises durch teure Geschenke, sodass auch aus dieser Motivlage eher mit Bedacht gewählte Aufmerksamkeiten und Chancen für gemeinsame Erlebnisse gesucht werden, die die emotionale Bindung weiter stärken.

Rückschau: Romantische Liebe in dauerhaften Beziehungen kann auch durch Geschenke zum Ausdruck gebracht werden, die die Liebe in der frühen Phase der Beziehung in Erinnerung rufen. Dies erfolgt in der Regel weniger durch Wiederholung früherer Geschenke, sondern durch Varianten in meist abgeschwächter oder symbolischer Form. So kann man die starken romantischen Gefühle, die man vor Jahren auf einer Reise nach Paris erlebt hat, aufleben lassen durch einen Kalender mit Paris-Fotos, ein Souvenir oder die Einladung in ein französisches Restaurant.

Die dritte Dimension der dauerhaften Liebe ist die Sorge ums Wohlergehen, denn die Partner wissen um die körperlichen Einschränkungen des anderen und nutzen daher auch Geschenke dazu, ihre Fürsorge zum Ausdruck zu bringen und dem Geliebten bei der Bewältigung von Problemen des Alterns zu helfen. Die Studie identifiziert hierfür vier Formen: Einfühlungsvermögen, Anti-Aging, Verjüngung und Vorbereitung auf das Alter.

Einfühlungsvermögen: Geber nehmen die Beschwerden und Schwächen des Partners intensiv wahr und zeigen ihre Liebe dadurch, dass sie sich besonders um dessen physische und psychische Beeinträchtigungen kümmern. So wählen sie als Geschenke gesundheitsfördernde Mittel und Instrumente sowie Dinge, die helfen, spezifische Beeinträchtigungen auszugleichen, etwa Geräte – wie Telefone –, die leichter bedienbar oder mit besser lesbarer Beschriftung ausgestattet sind.

Anti-Aging: In gewisser Weise versuchen Schenkende auch, den Alterungsprozess der geliebten Person mit Geschenken aufzuhalten. Sie geben Informationen und Hilfsmittel, mit denen der Partner proaktiv gegen eine mögliche Gebrechlichkeit im Alter vorbeugen und die Kontrolle über sein Leben möglichst lange erhalten kann. Dies kann durch beweglichkeitsfördernde Instrumente oder Kurse ebenso erfolgen wie durch Bücher oder Spiele, die neue geistige Herausforderungen darstellen.

Verjüngung: Eine Steigerung erfährt das Anti-Aging, wenn Geber versuchen, das Altern des Partners quasi rückgängig oder weniger sichtbar zu machen. Dazu dienen insbesondere kosmetische und pharmazeutische Produkte.

Vorbereitung auf das Alter: Geber können mit Geschenken versuchen, dem Geliebten Wege aufzuzeigen, wie sie ihr späteres Leben selbstständig bewältigen können. Vielen, die seit vielen Jahren in starren Rollenmustern leben und sich in Bezug auf verschiedene Lebensbereiche ganz auf den Partner verlassen, sind orientierungs- und hilflos, wenn sie als Überlebende einer Partnerschaft allein für sich verantwortlich sind. Deshalb macht es Sinn, sich rechtzeitig fehlende Kompetenzen anzueignen, aber auch neue soziale Beziehungen zu knüpfen und Hobbys für die Freizeit zu entwickeln. Mit entsprechenden Geschenken können Geber sicherstellen, dass der geliebte Mensch auch in der Zukunft in der Lage ist, ein hohes Maß an Unabhängigkeit und Kontrolle über sein Leben zu behalten, wenn er der überlebende Partner sein sollte.

Unabhängig davon, in welchem Grade diese Erkenntnisse aus einer japanischen Studie auf andere Kulturkreise übertragbar sind, so zeigen sie doch wesentliche, bisher vernachlässigte Erkenntnisse. Romantisches Schenken ist nicht allein Thema in den leidenschaftlichen Beziehungen der beginnenden Liebe, sondern auch in den langjährig stabilen Verhältnissen der dauerhaften Liebe. Auch wenn wesentliche Aspekte des romantischen Schenkens in beiden Phasen eine Rolle spielen, so wandelt sich doch deren inhaltliche Interpretation, und Gewichtungen verschieben sich. Vor allem aber ändern sich Geschenkmotive und Vorstellungen vom perfekten Geschenk, da im Laufe der Zeit Überraschung und Mühen tendenziell weniger wichtig werden und sich das Einfühlungsvermögen mehr und mehr in Geschenken zeigt, die Wertschätzung und Fürsorge ausdrücken sowie eine bedachtvolle Anpassung des Lebensstils ermöglichen.

Literatur

Aspara J, Van den Bergh B (2014) Naturally designed for masculinity vs. femininity? Prenatal testosterone predicts male consumers' choices of gender-imaged products. Int J Res Mark 31(1):117–121

Belk RW (1996) The perfect gift. In: Otnes C, Beltramini RF (Hrsg) Gift giving: a research anthology. Bowling Green State University Popular Press, Bowling Green, S 59–85

Belk RW, Coon GS (1993) Gift giving as agapic love: an alternative to the exchange paradigm based on dating experiences. J Consum Res 20(3):393–417

Caprariello PA, Reis HT (2013) To do, to have, or to share? Valuing experiences over material possessions depends on the involvement of others. J Pers Soc Psychol 104(2):199–215

Carter TJ, Gilovich T (2010) The relative relativity of material and experiential purchases. J Pers Soc Psychol 98(1):146–159

Chan C, Mogilner C (2017) Experiential gifts foster stronger social relationships than material gifts. J Consum Res 43(6):913–931

Clarke J (2007) The four ‚S's' of experience gift giving behaviour. Hospitality Manage 26:98–116

Clarke JR (2013) Experiential aspects of tourism gift consumption. J Vacation Mark 19(1):75–87

Close A, Zinkhan G (2006) A holiday loved and loathed: a consumer perspective of Valentine's day. Adv Consum Res 33:356–365

Goodwin C et al (1990) Gift giving: consumer motivation and the gift purchase process. Adv Consum Res 17:690–698

Gupta A, Gentry JW (2019) If you love me, surprise me. In: Minowa Y, Belk RW (Hrsg) Gifts, romance, and consumer culture. Routledge, New York, S 65–79

Huang M-H, Yu S (2000) Gifts in a romantic relationship: a survival analysis. J Consum Psychol 9(3):179–188

Minowa Y, Belk RW (2019) Mature consumers. A storgic love paradigm. In: Minowa Y, Belk RW (Hrsg) Gifts, romance, and consumer culture. Routledge, New York, S 37–64

newdream (2021) History. https://newdream.org/about-us. Zugegriffen: 23. Febr. 2021

Nepomuceno M et al (2016) Testosterone & gift-giving: mating confidence moderates the association between digit ratios (2D: 4D and *rel2*) and erotic gift-giving. Pers Individ Differ 91(4):27–30

Nguyen HP, Munch JM (2011) Romantic gift giving as chore or pleasure: the effects of attachment orientations on gift giving perceptions. J Bus Res 64(2):113–118

O'Henry (1961) Das Geschenk der Weisen. In: ders.: Unschuldsengel vom Broadway. Erzählungen, Rütten & Loening, Berlin

Otnes C et al (1994) The pleasure and pain of being close: men's mixed feelings about participation in Valentine's day gift exchange. Adv Consum Res 21:159–164

Rugimbana R et al (2003) The role of social power relations in gift giving on Valentine's Day. J Consum Behav 3(1):63–73

Saad G, Gill T (2003) An evolutionary psychology perspective to romantic gift giving among young adults. Psychol Mark 20(9):765–784

Schiffman LG, Cohn DY (2009) Are they playing by the same rules? A consumer gifting classification of marital dyads. J Bus Res 62(11):1054–1062

Sherry JF et al (1993) The dark side of the gift. J Bus Res 28(3):225–244

statista (2021a) Ranking der Top 5 beliebtesten Geschenken am Valentinstag in Österreich 2021. https://de.statista.com/statistik/daten/studie/677199/umfrage/umfrage-in-oesterreich-zu-den-beliebtesten-geschenken-am-valentinstag/. Zugegriffen: 1. Febr. 2021

statista (2021b) Total expected Valentine's day spending in the United States from 2009 to 2021. https://www.statista.com/statistics/285028/us-valentine-s-day-sales/. Zugegriffen: 22. Febr. 2021

Statista (2021c) Valentinstag in Deutschland und Österreich, study_id59532_valentinstag.pdf. Zugegriffen: 23. Febr. 2021

Van Boven L, Gilovich T (2003) To do or to have? That is the question. J Pers Soc Psychol 85(6):1193–1202

Wolfinbarger MF (1990) Motivations and symbolism in gift giving behavior. Adv Consum Res 17:699–705

8

Geschenke an verschiedene Empfänger: Wer kriegt überhaupt etwas und wieviel?

Bei den großen Geschenkanlässen wie Weihnachten ist in der Regel mehr als eine Person zu bedenken. Für alle, die am Weihnachtsfest teilnehmen, besteht Geschenkpflicht, und man muss sich entscheiden, wer von ihnen wieviel bekommen soll. In Bezug auf Nichtanwesende ist diese Pflicht nicht so streng, in einigen Fällen scheint sie sogar aufgehoben, sodass sich die Frage stellt, ob überhaupt ein Geschenk gemacht werden muss oder soll. Für diese Entscheidungen sind wiederum **Regeln** einzuhalten. Es sind Regeln, die nirgendwo festgelegt oder gelehrt werden, die wir aber während unserer Sozialisation verinnerlicht haben und die nur in Grenzen verletzt werden dürfen. Diese Regeln stehen im engen Zusammenhang mit der betrachteten Funktion von Geschenken als Informationsmedium. Wenn Geschenke Wichtiges aussagen über die Art und die Intensität der Beziehung zwischen den Beteiligten, müssen insbesondere ‚öffentlich' verteilte Geschenke hinsichtlich ihrer Kommunikationswirkung

© Der/die Autor(en), exklusiv lizenziert durch Springer-Verlag GmbH, DE, ein Teil von Springer Nature 2021
B. Stauss, *Das perfekte Geschenk*,
https://doi.org/10.1007/978-3-662-63620-6_8

bedacht werden, da die in Geschenken enthaltenen Informationen an das gesamte engere familiäre Netzwerk gesendet werden (Lowrey et al. 2004). Entsprechend müssen dann auch die Geschenke wertmäßig im Hinblick auf den jeweiligen Stand der Beziehung differenziert (skaliert) werden.

Caplow (1984) hat in einer empirischen Studie in einer amerikanischen Kleinstadt, die er Middletown nennt (in der Realität handelt es sich um Muncie in Indiana), untersucht, welche dieser ‚heimlichen' Skalierungsregeln zu Weihnachten eingehalten werden. Natürlich unterscheiden sich solche Regeln in verschiedenen Kulturkreisen und sie verändern sich, wenn sich das Verständnis vom Fest, von Familie und von Formen des Zusammenlebens verändern. Daher fehlt es den Regeln an Aktualität und kulturübergreifendem Gültigkeitsanspruch. Dennoch werden sie hier – mit leichten Abwandlungen und Aktualisierungen – präsentiert, da sie auch heute noch grundlegende Einsichten gewähren und zudem jeden zur Reflexion anregen können, welche Regel im eigenen Handlungsrahmen weiterhin Bestand hat bzw. durch eine abweichende kultur-, schicht- und familienspezifische Variante zu ersetzen ist. Im Mittelpunkt stehen die Regeln für verschiedene Verwandtschaftsbeziehungen:

- **Ehepaare und eheähnliche Paare:** Diese Beziehung soll für beide Partner die wichtigste sein. Dementsprechend sind hier die wertvollsten Geschenke auszutauschen. In traditionellen Paarbeziehungen, in denen der Mann über ein höheres Einkommen verfügt, kann der Mann der Partnerin ein Geschenk mit höherem Wert machen.
- **Kinder:** Nach der ehe(ähn)lichen Beziehung ist die Eltern-Kind-Beziehung am bedeutsamsten. Dabei darf zwischen den Kindern keine Abstufung erfolgen, und

das gilt auch für die Geschenke. Kinder sind daher lebenslang gleich zu behandeln. Das gilt für den Wert der Geschenke, kann sich aber zugleich auf die Anzahl der Geschenke und ihre symbolische Bedeutung beziehen (Lowrey et al. 1996).

- **Schwiegertöchter und -söhne:** Angeheiratete Partner der Töchter und Söhne sind genauso wertvoll zu bedenken wie die eigenen Kinder.
- **Eltern:** Zusammenlebende Väter und Mütter erwachsener Kinder sollten gleich bewertet werden, eventuell mit leichten Vorteilen für die Mütter. Wenn Vater und Mutter geschieden sind, getrennt leben oder anderweitig verheiratet sind, können die Elternteile unterschiedlich bewertet werden.
- **Geschwister:** Diese sollten in der Kindheit gleich bewertet werden, später ist eine Differenzierung möglich bzw. üblich. Erwachsene Geschwister, die in der Nähe wohnen und Teil des familiären Netzwerkes sind, sollten zusammen mit ihren Partnern gleich bewertet werden. Geschwister, die weiter entfernt wohnen und nur am Rande mit dem Netzwerk verknüpft sind, können ungleich bewertet werden.
- **Sonstige Verwandte:** Weiter entfernte Verwandte wie Tanten, Onkel, Cousins oder Cousinen können in etwa wie Geschwister bewertet werden (Caplow 1984).

Die Einhaltung dieser Skalierungsregeln vermittelt somit Botschaften wie „Ich schätze alle meine Kinder gleich", „Ich schätze meine Schwiegertochter wie meinen Sohn (solange sie mit ihm verheiratet ist)" oder „Ich schätze meinen anwesenden Bruder höher als die abwesende Schwester, aber weniger als die Eltern und viel weniger als meine Kinder" (Caplow 1984, S. 1320). Auf diese Weise wird die familiäre Struktur deutlich und verstärkt, und die Schenkregeln werden bestätigt und bekräftigt.

Der folgende Literaturausschnitt aus Jonathan Franzens voluminösen Erfolgsroman „Die Korrekturen" zeigt am Beispiel der Familie Lambert, dass solche weihnachtlichen Geschenkeregeln durchaus bekannt sind und Orientierung leisten, dass es aber auch immer wieder Gründe gibt, von diesen Regeln abzuweichen.

Jonathan Franzen: Die Korrekturen

Im Zentrum des Romans steht ein geplantes und am Ende missglückendes Weihnachtsfest der Familie Lambert. Alfred Lambert leidet stark und zunehmend an Parkinson und Demenz. Daher setzt seine Frau Enid ihre erwachsenen Kinder Gary, Chip und Denise unter starken Druck, zu einem letzten Weihnachtsfest nach Haus zu kommen. Aber es gibt Probleme. Nur die jüngste Tochter Denise will den Wunsch ihrer Mutter uneingeschränkt erfüllen. Der älteste Sohn Gary möchte eigentlich mit seinen drei Kindern Aaron, Cayleb und Jonah kommen, hatte aber seiner Frau versprochen, niemals mehr das Weihnachtsfest im Elternhaus zu verbringen. Und Chip, ein erfolgloser Autor, hatte sich schon jahrelang geweigert an den Weihnachtsfeierlichkeiten teilzunehmen.

In der noch ungeklärten Situation beginnen die Vorbereitungen. Alfred stellt den Weihnachtsbaum mit zwanzigprozentiger Neigung auf und versucht, die alten Lichterketten zum Funktionieren zu bringen, während Enid zig Weihnachtskarten schreibt und sich Gedanken um die Geschenke macht:

Von ihrer zweiten Tasse Kaffee beflügelt, ging sie nach oben und kniete sich neben Garys alte Kirschbaumholz-Kommode, in der sie Geschenke und Mitbringsel aufbewahrte. Seit Wochen war sie mit ihren Weihnachtseinkäufen fertig, doch das Einzige, was sie für Chip erstanden hatte, war ein stark herabgesetzter braun-roter Wollbademantel der Marke Pendleton. Chip hatte sich ihren guten Willen eigentlich verscherzt, als er ihr, ein paar Jahre zuvor, ein gebraucht wirkendes Kochbuch zu Weihnachten geschenkt hatte, Die marokkanische Küche, in Aluminiumfolie gewickelt und mit Aufklebern verziert, auf denen rot durchgestrichene Kleiderbügel abgebildet waren. Jetzt aber, wo er extra aus Litauen nach Hause zurückkehrte, wollte sie ihn belohnen, indem sie ihr Geschenke-Budget voll ausschöpfte. Das folgendermaßen aussah:

Alfred: kein fester Betrag

Chip, Denise: jeweils $ 100 plus Grapefruit

Gary, Caroline: jeweils $ 60 höchstens plus Grapefruit

Aron, Caleb: jeweils $ 30 höchstens

Jonah (nur dieses Jahr): kein fester Betrag

Da der Bademantel $ 55 gekostet hatte, brauchte sie für Chip noch weitere Geschenke im Wert von $ 45.

Die Abweichungen von der Gleichheitsregel sind erklärlich: Gary bekommt weniger als Chip und Denise, weil er wohlhabend ist und vor allem weil ja auch noch die ungeliebte Schwiegertochter zu beschenken ist, sodass das Paar sowieso insgesamt gut wegkommt. Die Enkelkinder Aron und Caleb, von denen sie weiß, dass diese mit der Mutter zu Weihnachten nicht erscheinen werden, erhalten denselben Betrag. Bei Jonah, von dem sie hofft, dass er seinen Vater zum Besuch begleitet, wird in diesem Jahr eine Ausnahme gemacht.

Jonathan Franzen, Die Korrekturen. In der Übersetzung von Bettina Abarbanell. © (2019), Rowohlt Verlag GmbH, Hamburg.

Dass Menschen die bewusste Entscheidung treffen, von einzelnen **Regeln abzuweichen**, zeigen auch empirische Forschungsarbeiten. In ihrer Längsschnittuntersuchung über das Schenken zu Weihnachten zeigt beispielsweise eine Studie von Lowrey et al. (2004), dass Geber vom Gleichbehandlungsgrundsatz für Mitglieder einer Empfänger-Gruppe abweichen, z. B. Geschwister unterschiedlich beschenken, weil sie den jeweiligen Grad ihrer Zuneigung zum Ausdruck bringen wollen. Auch kommt es vor, dass sie Empfänger aus unterschiedlichen Gruppen in gleicher Weise behandeln. Dann beschenken sie etwa Personen außerhalb des engen Kreises der Kernfamilie (wie Onkel oder Tanten) genauso wie primäre Bezugspersonen (z. B. Eltern), weil sie aufgrund von

Erfahrungen in der Vergangenheit eine gleiche emotionale Nähe empfinden. Analoges gilt sicherlich für Geschenke an Freunde, da Freundschaften vielfach an Relevanz gewinnen, quasifamiliären Charakter annehmen (Dressel 2000) und sich zudem im Hinblick auf ihre emotionale Nähe unterscheiden.

Die Existenz von Regeln des Geschenkeaustauschs, insbesondere in familienöffentlichen Situationen, macht bereits deutlich, dass Schenken nicht nur in einer dyadischen Beziehung stattfindet, also zwischen jeweils zwei Beteiligten, sondern dass **Dritte** an diesem Prozess beteiligt sind. In Bezug auf Geschenkentscheidungen zu Weihnachten identifizieren Lowrey et al. (2004) eine Vielzahl differenzierter Einflussnahmen, wobei zwei Arten besonders erwähnenswert erscheinen: Die Einholung der Erlaubnis von Dritten für Geschenke und die Anerkennung von Gruppennormen, die wesentlich von Dritten bestimmt sind. Mit der **Einholung der Zustimmung** für ein geplantes Geschenk demonstrieren Geber, dass sie die Verantwortung Dritter für den Empfänger anerkennen und deren Ansicht beachten und respektieren wollen. So erscheint die Nachfrage bei Eltern angebracht, ob sie damit einverstanden sind, wenn man plant, ihrer Tochter ein Smartphone oder ihrem Sohn ein Schlagzeug zu schenken. Ähnlich respektvoll ist die **Anerkennung von weiteren und spezifischen Regeln**, die für eine Gruppe gelten, der man angehört, und zwar unabhängig davon, ob diese ohne eigene Beteiligung zustande gekommen sind oder ob es sich um eine explizite Vereinbarung handelt. Beispiele hierfür sind Absprachen in Bezug auf eine finanzielle Obergrenze der Geschenke oder die Verabredung, in diesem Jahr nur den Kindern Geschenke zu machen.

Das Geschenk-Regelwerk wird noch komplizierter, wenn sich **Familiensituationen ändern**. Dies ist insbesondere der Fall, wenn durch Scheidungen Familien zerbrechen und durch neue Ehen oder Partnerschaften veränderte familiäre Sets entstehen, etwa Patchwork-Familien mit Kindern von verschiedenen Partnern. Mit der familiären Situation ändern sich auch die Rahmenbedingungen für das weihnachtliche Schenken, denn Zahl und Art der Personen, die zu bedenken sind, variieren, und viele Beziehungen sind nicht mehr die gleichen. Selbst in ‚unproblematischen‘ neuen Beziehungen, die durch Heirat entstehen, bedarf es der Kommunikation von Geschenknormen bzw. der Herstellung eines Konsenses, falls jemand Änderungen vornimmt oder vorzunehmen plant. So klagte eine Befragte in einer britischen explorativen Studie zu den weihnachtlichen Konsumritualen, dass sie nach ihrer Heirat ihrer neuen Schwägerin eine Kleinigkeit geschenkt habe und damit aber nicht gut ankam. Wenig freundlich wurde ihr bedeutet, dass man in dieser Familie zu Weihnachten nur die Kinder beschenke (McKechnie und Tynan 2006, S. 138). Aus Unkenntnis hatte das neue Familienmitglied mit ihrem Geschenk also nicht Freude bereitet, sondern eine Regel verletzt und wurde entsprechend sanktioniert.

Trennungen und Scheidungen verändern nicht nur die Situation für die Partner, sondern für all diejenigen im früheren familiären **Netzwerk**, die mit einem oder mehreren ehemaligen Familienmitgliedern weiterhin in Kontakt bleiben wollen oder müssen. Dazu gehören erwachsene Kinder, die mit den neuen Partnern ihrer Mutter oder ihres Vaters zurechtkommen müssen. Betroffen sind auch Eltern, die beispielsweise die Verbindung zu der ehemaligen Schwiegertochter oder dem ehemaligen Schwiegersohn aufrechterhalten wollen, um die Beziehung zu den Enkeln nicht zu verlieren. Ein besonderes Problem stellt das Schenken unter **ehemaligen Partnern** dar. In diesem Fall ist eine sehr starke emotionale Beziehung beendet, und frühere positive Emotionen liegen unter einer Menge gegenseitiger Verletzungen begraben. Bisweilen sind die Beteiligten seit Jahren getrennt und leben inzwischen mit anderen Partnern zusammen, dennoch bleiben Bindungen oder es gibt immer wieder Anlässe wie Regelungsbedarf oder Krankheiten. Zu den bleibenden Bindungen gehören vor allem die Kinder, insbesondere, wenn die Eltern das gemeinsame Sorgerecht haben oder wenn ein Elternteil den Kontakt zu den Kindern aufrechterhalten will, die beim ehemaligen Partner aufwachsen.

In all diesen Fällen können Geschenke zu Weihnachten mit vielfältigen Motiven verbunden sein und verschiedene Funktionen erfüllen. Sie können als Signal verstanden werden, dass die neue Situation und der neue Partner akzeptiert sind, oder sie demonstrieren den Versuch, das neue Familienmitglied in das noch bestehende System zu integrieren und eine Art Assimilation vorzunehmen. Auch kann im Vordergrund stehen, Kindern zu zeigen, dass sich trotz der Trennung der Eltern an der grundsätzlichen Beziehung nichts geändert hat (Otnes et al. 1994).

Unabhängig von der Motivation, sind auch bei den neuen familiären Arrangements Geschenkregeln einzuhalten, um keine alten Wunden aufzureißen und neue Verletzungen zu vermeiden:

- Vielfach liegt die beste Lösung für ehemalige **Lebenspartner** darin, auf Geschenke zu verzichten. Das gilt vor allem, wenn noch Spannungen bestehen. Aber ganz generell kann durch diesen Verzicht jeder Eindruck vermieden werden, eine neue Beziehung gefährden oder auf diese Einfluss nehmen zu wollen.

- Wenn sich in der neuen Konstellation alle gut verstehen und sogar gemeinsam Weihnachten feiern, ist selbstverständlich ein Geschenk erforderlich. Dies darf aber nicht an die gemeinsame glückliche Anfangszeit der Liebe erinnern. Also kein entsprechendes Fotobuch, aber auch keinen Gutschein für das neue Paar zu einem Event – einem Restaurantbesuch oder einem Konzert – das man früher gemeinsam besucht hat.
- **Kinder**, die im eigenen Haushalt wohnen, sind genauso zu bedenken wie die, die beim Partner im Familienverbund leben.
- Kinder des neuen Partners, die eigenen und die gemeinsamen Kinder sind gleich zu behandeln.
- Eine **ehemalige Schwiegertochter bzw. ein ehemaliger Schwiegersohn** sollte nicht schlechter behandelt werden als vorher, aber auch nicht besser als die neue Partnerin des Sohnes. bzw. der neue Partner der Tochter.
- Es erscheint zulässig, dem **neuen Partner der eigenen Mutter bzw. des eigenen Vaters** weniger zu schenken als der Mutter bzw. dem Vater, aber das Geschenk sollte durch seinen Wert signalisieren, dass man als Kind die Person und die Situation akzeptiert (Otnes et al. 1994).

Der nächste Literaturausschnitt ist dem Buch „Frank" des amerikanischen Autors Richard Ford entnommen, der hier über die Erfahrungen seines vielfachen Romanhelden Frank Bascombe mit Alter, Krankheit und Tod schreibt. Der Ausschnitt zeigt eindrucksvoll die Schwierigkeiten mit dem Schenken in lange beendeten aber niemals wirklich endenden Beziehungen.

Richard Ford: Frank

Es sind die Tage vor Weihnachten, als sich Frank Bascombe im Schneegestöber aufmacht:

Heute Abend – es ist erst zehn nach fünf, könnte aber genauso gut Mitternacht sein – bin ich auf Pilgerfahrt zu meiner Exfrau Ann Dykstra, die jetzt im Beth-Wessel-Flügel des „Community" in Carnage Hill lebt, einer topmodernen Einrichtung mit abgestuftem betreuten Wohnen im Hinterland von Haddam (vor vierzig Jahren, als wir verheiratet waren, mitten im Grünen)...

Also eine lange zurückliegende erste Ehe, die Partner verbunden durch zwei Kinder, mit denen beide im Kontakt sind, und durch den Schmerz des frühen Todes eines weiteren Sohns. Seine ehemalige Frau, Ann Dykstra, inzwischen schon zweimal verwitwet und an Parkinson erkrankt, kann sich die teure Seniorenresidenz leisten, lebt in einem nach Feng-Shui-Grundsätzen konsequent eingerichteten Appartement und erwartet nun für einen kurzen Besuch ihren Exmann, bzw. sie wartet auf ein Geschenk, wobei fraglich ist, ob das das richtige Wort ist, denn es erscheint eher als Ablieferung einer Bestellung.

Im üblen Wetter dieses Abends, vier Tage vor Weihnachten, habe ich die Mission, Ann ein besonderes orthopädisches Spezialkissen zu bringen, das yogageeignet, formangepasst und dicht schaumgefüllt ist, auf dem sie schlafen kann und das Schweizer Neurologen für eine homöopathische „Behandlung" von Parkinson empfehlen – seit kurzem leidet sie daran –, weil es den Stresspegel reduziert, der mit schlechtem Schlaf einhergeht und mit Nackenschmerzen zusammenhängt, welche wiederum mit allzu lebhaften Träumen zusammenhängen, was unterm Strich alles mit Parkinson zusammenhängt...

Vier Tage vor Weihnachten meine Exfrau zu besuchen (wir sind seit dreißig Jahren geschieden!), die mit einer unheilbaren, tödlichen Krankheit in einem Pflegeheim lebt und mit der ich nicht gerade einen sehr freundlichen Umgang pflege – keine ganz leichte emotionale Reise, aber es sind von meinem jetzigen Haus zwanzig Minuten mit dem Auto, und es gibt in mancher Hinsicht Klärungsbedarf. Wie der Dichter sprach: Beziehungen enden nirgendwo...

Er erreicht das weihnachtlich geschmückte Edel-Altersheim, wird vom Sicherheitsdienst gecheckt und steht dann, da die Tür automatisch aufgeht, vor seiner Ex-Frau, die ihn emotionslos anspricht:

„Ich habe gerade diese armen Hurrikanleute in den Nachrichten gesehen", sagt Ann, ohne einen Gruß, eine Umarmung, einen Kuss, sie tritt einfach nur zurück, als wäre ich der Lieferjunge aus dem Supermarkt mit lauter Tüten, der den Weg in die Küche nicht alleine findet...

Ich bin bloß da, und mein einziger Grund dafür ist dieser lächerliche, verknitterte, durchsichtige Plastiksack mit seinem lebensrettenden Kissen drin, das ich besorgen sollte und nun besorgt habe...

Ich lege das verknitterte Kissen auf einen der Blumenstühle und weiß sofort ganz genau, das hätte ich nicht tun sollen. Kissen auf Stühlen, Plastik auf Textilien, Plastik auf egal was verwässert vermutlich das Chi.

Er bemüht sich, möglichst keine Fehler zu machen, obwohl ihm hier alles widerstrebt, und es kommt auch kein wirkliches Gespräch zustande.

Momente des Verstummens sind für Ann und mich nichts Ungewöhnliches. Was kann ich denn von ihr bekommen? Was kann sie von mir bekommen? Ein Kissen. (Sie hätte es mit Leichtigkeit online kaufen können)...

Und es wird denn doch geredet, und es gibt ganz kurze Momente der Nähe, die dann ganz schnell durch Distanz, Verlassenheit und Einsamkeit übertüncht werden, bisweilen gefolgt von Sätzen, die wie Ohrfeigen klingen. Am Ende signalisiert Ann das Ende der „Besuchszeit":

„Also, Danke, dass du mir mein Kissen gebracht hast", sagt sie, hebt die Stimme, setzt ein Lächeln auf. Sie dreht den Kopf, um ihre Züge lebhafter wirken zu lassen, wie ein Glamourgirl. Das Kissen liegt da, wo ich es hingelegt hatte.

„Gern geschehen", sage ich, eine Lüge habe ich mir für den Schluss aufgehoben.

Schenken in familiären Zusammenhängen ist also ganz besonders mit ambivalenten Gefühlen verbunden. Einerseits will man gerade hier mit Geschenken die spezifische

Nähe ausdrücken und Freude bereiten, andererseits fühlt man den Druck, die strengen Schenk-Verpflichtungen zu erfüllen und das komplexe Regelwerk einzuhalten. Dazu kommt, dass sich mit Veränderungen der Familiensituation die Komplexität des Schenkens noch erhöht und dass selbst in formal beendete Beziehungen die Frage nach dem richtigen Schenken nicht abschließend beantwortet ist.

Literatur

Caplow T (1984) Rule enforcement without visible means: Christmas gift giving in Middletown. Am J Sociol 89(6):1306–1323

Dressel G (2000) Gedanken zu einer Historischen Anthropologie des Gebens. In: ders., Hopf G (Hrsg) Von Geschenken und anderen Gaben. Annäherungen an eine historische Anthropologie des Gebens. Peter Lang, Frankfurt a. M., S 13–29

Ford R (2015) Frank. Hanser Berlin, Berlin

Franzen J (2019) Die Korrekturen, 22. Aufl. Rowohlt Taschenbuch Verlag, Reinbek bei Hamburg

Lowrey T et al (1996) Values influencing Christmas gift giving: an interpretive study. In: Otnes C, Beltramini RF (Hrsg) Gift giving: a research anthology. Bowling Green State University Popular Press, Bowling Green, S 37–56

Lowrey T et al (2004) Social influences on dyadic giving over time: a taxonomy from the giver's perspective. J Consum Res 30(4):547–558

McKechnie S, Tynan C (2006) Social meanings in Christmas consumption: an exploratory study of UK celebrants' consumption rituals. J Consum Behav 5(2):130–144

Otnes C et al (1994) In-laws and outlaws: the impact of divorce and remarriage upon Christmas gift exchange. Adv Consum Res 21:25–29

9

Schwierige Geber und Empfänger: Strategien zur Risikoreduzierung

Fast jeder weiß es, und die Forschung bestätigt es: Richtig schenken ist nicht einfach. Besonders problematisch wird es allerdings im Fall schwieriger Geber und schwieriger Empfänger.

Schwierige Geber sind – kurz gesagt – diejenigen, die fast immer falsche Geschenke machen, dies nicht merken und daher auch keine Lernprozesse durchmachen. Egoistisch denken sie vor allem an ihren Vorteil und stellen ihre Interessen und Präferenzen in den Vordergrund. Sie erfassen die heimlichen Geschenkregeln nicht und verletzen diese daher immer wieder. Es fehlt ihnen an Empathie, können nicht die Perspektive des Empfängers einnehmen und erkennen nicht, welche Botschaften sie mit ihren Geschenken versenden. Und – eng damit verbunden – es mangelt ihnen an emotionalem Verständnis („emotional understanding"), d. h. der Fähigkeit, die Emotionen in Geschenksituationen wahrzunehmen und zu verstehen (Pillai und Sukumarakurup 2019). Sie sind

© Der/die Autor(en), exklusiv lizenziert durch Springer-Verlag GmbH, DE, ein Teil von Springer Nature 2021
B. Stauss, *Das perfekte Geschenk*,
https://doi.org/10.1007/978-3-662-63620-6_9

daher nicht in der Lage, die emotionalen Bedürfnisse des Empfängers vorherzusagen bzw. dessen verbale und non-verbale Zeichen der Enttäuschung korrekt zu deuten.

Diese schwierigen Geber sind für einen Großteil der emotionalen Wunden verantwortlich, die im Geschenkeaustausch passieren können. Sie sind es, die mit ihrem Schenkverhalten das Risiko verursachen, dass eine Beziehung eingetrübt oder im Extremfall sogar beendet wird. Wenn es sich um eine recht lose Beziehung handelt, etwa zwischen Bekannten, die sich allenfalls in größeren Abständen zu großen Partys einladen, ist das kein großes Problem. Zum einen ist das Enttäuschungspotenzial gering, zum anderen ist ein Beziehungsabbruch relativ leicht zu verschmerzen. Bei engen partnerschaftlichen bzw. familiären Beziehungen ist das Problem gravierender. In dem folgenden Textausschnitt seiner Strindberg-Biographie beschreibt der renommierte schwedische Schriftsteller Per Olov Enquist eine Szene, in der August Strindberg seiner (dritten) Frau ein Geschenk macht, das einen eklatanten Mangel an Einfühlungsvermögen zeigt und geradewegs zur Katastrophe führt.

Per Olov Enquist: Strindberg. Ein Leben

„Hör mal, Harriet, schau zum Fenster hinaus. Siehst du, wie schön die Sonne auf die Häuser dort drüben scheint. Doch wenn wir jetzt da wären, würde es uns bloß irritieren, die Sonne in den Augen zu haben. Man betrachtet es besser aus der Ferne. So ist es auch mit dem Reisen. Ich habe alles gesehen. Dänemark und Berlin und Paris und London und all das. Und ich kann dir versichern: Es ist nichts wert. Da ist nichts zu sehen. Es ist nur..."

„Ja, das kannst du sagen! Der es gesehen hat. Aber ich will es selber sehen!"

Er lächelt ihr geheimnisvoll zu und holt ein braunes Päckchen hervor. Mit einer Schleife drum.

„Hier, Harriet. Hier hast du ein Geschenk von mir. Von dem ich glaube, dass es dir sehr, sehr gefallen wird."

Immer noch leise schluchzend, doch jetzt mit etwas auf-
gehellter Miene, beginnt sie das Geschenk auszupacken.
  Es ist ein Buch. Baedeker steht darauf, in roten Buch-
staben. Sie blickt verständnislos vom Buch zu ihm. Und er
sagt eifrig und ermunternd:
  „Es ist ein Reiseführer von Baedeker. Darin kannst du
über all diese Orte lesen. Kopenhagen und Berlin und
wie sie alle heißen. Da steht alles darüber drin. Und du
brauchst nicht selbst zu reisen, brauchst dich nicht mit allen
verschwitzten, schmutzigen Menschen zu drängeln, die
ganze Mühsal bleibt dir erspart und du brauchst nicht ...“
  Sie starrt ihn fassungslos an.
  „Also bloß weil du gereist bist und alles gesehen hast
und das leid bist, soll ich hier wie eine Nonne sitzen und
einen Reiseführer lesen! Ich bin doch noch jung!“
  Er schaut sie hilflos an.
  „Aber die Mächte wollen, dass ...“
  Plötzlich pfeffert sie den Reiseführer durchs Zimmer,
Gläser kippen um, sie springt auf und schreit:
  „Du kannst dir mit deinen verdammten Mächten den
Hintern abwischen, ich verlasse dich jetzt! Ich fahre nach
Dänemark, und dann kannst du hier sitzen und deinen
alten Baedeker lesen! Lebewohl!“
  Sie rennt hinaus. Die Treppe hinunter. Er hört ihre
kleinen Füße trappeln. Und dann schlägt die Haustür.
  Diese Episode ist noch nicht das Ende, aber lange
hält es Harriet mit dem 29 Jahre älteren und besonders
schwierigen August Strindberg nicht mehr aus; die Ehe
wird nach drei konfliktreichen Jahren geschieden.

Per Olov Enquist: Strindberg. Ein Leben. Aus dem
Schwedischen von Verena Reichel, München (2012) © P.A.
Norstedts & Söners Förlag

Wenn die Fälle nicht ganz so krass sind und Empfänger
ihre engen Beziehungen zum schwierigen Geber nicht
abbrechen wollen, haben sie nur wenige **strategische
Optionen zur Risikoreduzierung:**

1. Naheliegend ist es, dass der Empfänger mit deut-
lichen Worten und Zeichen dem Geber die eigene

Enttäuschung signalisiert und damit versucht, dessen Verhalten im positiven Sinne zu beeinflussen. Wenn allerdings die beschriebenen Persönlichkeitseigenschaften stark ausgeprägt sind, ist die Erfolgswahrscheinlichkeit dieser strategischen Variante gering. Solche Geber werden selbst auf starke Signale nicht reagieren wollen oder können. Strindberg z. B. hat sich als Reaktion auf Harriets Protest nicht geändert, er hat sich nur mit Wut und Zorn seinem 'Okkulten Tagebuch' zugewandt.

2. Mehr Erfolg verspricht es, dem Geber in der Vorbereitungsphase klare Angaben über das Gewünschte zu machen, am besten schriftlich und mit detaillierten Angaben über die beste, d. h. am einfachsten zu realisierende und kostengünstigste Bezugsmöglichkeit. Da dem Geber keine Böswilligkeit zu unterstellen ist, wird er wahrscheinlich diese Chance zur Entscheidungsentlastung nutzen und dem Empfänger eine Enttäuschung ersparen.

3. Wenn dem Empfänger an der Fortsetzung der engen Beziehung, z. B. zum Partner oder einem anderen Familienmitglied, viel liegt, kann auch ein psychischer Mechanismus einsetzen, der die Dissonanzen aufgrund immer wieder falscher Geschenke reduziert. Dazu gehört es, von vornherein die Erwartungen zu senken bzw. ein missglücktes Geschenk zu erwarten, sodass nur ein geringer Grad an Unzufriedenheit eintreten kann. Ein ähnlicher Effekt findet statt, wenn man das Erhaltene nachträglich höher bewertet, weil man jetzt bestimmte Vorteile entdeckt. Zudem liegt es nahe, das Schenkverhalten auf die bekannte, als unveränderlich angesehene Persönlichkeit des Gebers zurückzuführen. Dann gilt es, dieses Verhalten hinzunehmen und im Lichte anderer positiver Eigenschaften weniger hoch zu gewichten.

Während schwierige Geber relativ einheitlich charakterisiert werden können, treten **schwierige Empfänger** differenzierter auf. Das zeigen auch Forschungsergebnisse zum weihnachtlichen Schenkverhalten. So haben Otnes et al. (1992) in einer Studie untersucht, welche der zu Beschenkenden als schwierig angesehen werden, warum diese schwierig erscheinen und welche Geschenkeauswahlstrategien Einkäufer von Weihnachtsgeschenken wählen, um Geschenke für schwierige Empfänger zu finden. In ihrer Studie identifizieren sie eine Reihe schwieriger Empfänger. Allerdings ist ihre Auflistung logisch nicht überzeugend, da auch Probleme auf Geberseite und in den Rahmenbedingungen aufgeführt werden. Dennoch lassen sich auf der Basis ihrer Untersuchungen wesentliche Typen unterscheiden:

1. **Die Wunschlosen:** Die Betreffenden betonen, dass sie weder etwas brauchen noch irgendetwas wünschen. Da sie aber doch enttäuscht wären, wenn sie am Weihnachtsfest nicht bedacht würden, ist es besonders schwer, ein geeignetes Geschenk zu finden.
2. **Die Interesselosen:** Sie sind eng verwandt mit den Wunschlosen, unterscheiden sich aber durch das charakteristische Merkmal, dass sie sich eigentlich für gar nichts interessieren, keine Hobbies haben und ihre Lieblingstätigkeit Untätigkeit ist. Für Geber ist es schwer vorstellbar, womit man solchen Menschen eine Freude machen kann.
3. **Die Unbekannten:** Obwohl die potentiellen Empfänger zum Verwandtenkreis gehören und daher zu berücksichtigen sind, weiß man nichts oder zu wenig, um Vorstellungen über mögliche Wünsche oder passende Geschenke zu entwickeln. Das gilt insbesondere für Personen, die am Rande des Kreises stehen, wie etwa angeheiratete Verwandte.

4. **Die Kritisch-Wählerischen:** Schwierigkeiten bereiten auch Empfänger, die dafür bekannt sind, dass sie sehr wählerisch sind, sehr enge Präferenzen und stark festgelegte Ansichten haben (Cheng et al. 2014). Da diese alles, was ihren Geschmacksnormen, kulturellen Ansprüchen oder Vorstellungen von Kreativität nicht exakt entspricht, kritisch aburteilen, schüren sie die Befürchtung, etwas Falsches zu schenken, und machen es für Geber so schwer, eine Entscheidung zu treffen.

5. **Die Ganz-Anderen:** Eine ähnliche Situation liegt vor, wenn sich Geber und Empfänger in ihren Interessen und ihrem Geschmack grundlegend unterscheiden. In diesem Fall empfinden Geber es als Problem, sich in die fremde Vorstellungswelt hineinzuversetzen und genau die Objekte zu finden, die dem Empfänger gefallen und auch noch in dessem speziellen Interessenfeld fehlen.

6. **Die Eingeschränkten:** Empfänger können in ihren Lebensumständen physisch eingeschränkt sein, beispielsweise aufgrund einer Krankheit in Bezug auf ihr Seh- oder Hörvermögen, ihre Beweglichkeit oder den Verzehr von Lebensmitteln, sodass viele mögliche Geschenke nicht in Frage kommen.

In ihrer Studie untersuchen Otnes et al. (1992) auch, wie die Geber mit dieser Situation umgehen, d. h. welche Handlungsstrategien sie wählen. Dabei geht es diesen vor allem darum, ihr psychologisches Risiko zu vermindern, d. h. die psychische Belastung zu reduzieren, die mit der Geschenkeauswahl verbunden ist, weil man sich ständig mit dem aufreibenden Geschenkproblem beschäftigt, für das es eigentlich keine informatorische Lösung gibt.

Grundsätzlich können diese Strategien danach unterschieden werden, ob sich der Geber bei seiner Handlungsweise vorwiegend an seiner eigenen Person (geber-zentrierte Optionen) oder an der Person des

Empfängers (empfänger-zentrierte Optionen) orientiert (Otnes et. al. 1992).

Zu den **geber-zentrierten Geschenkstrategien** gehören 1) Delegation, d. h. die Übertragung der Geschenkeauswahl an einen anderen, von dem man annimmt, dass er besser in der Lage ist, das richtige Geschenk zu wählen. 2) Orientierung am eigenen Geschmack bzw. den eigenen Interessen und 3) das Gemeinschaftsgeschenk, d. h. man tut sich mit einem oder mehreren anderen zusammen, was neue Ideen erzeugen kann und auch andere (etwa teurere) Alternativen zulässt. 4) Eine weitere Strategie besteht darin, dass sich Geber durch Dritte bei der Entscheidung helfen lassen, beispielsweise indem sie mit einer anderen Person Geschenkideen diskutieren und bewerten bzw. sich beim Geschenkeinkauf begleiten lassen (Lowrey et al. 2004).

Empfänger-zentrierte Geschenkstrategien stellen 1) der Impulskauf dar, wo sich in der Kaufsituation die plötzliche ‚Erleuchtung‘ einstellt, dass ein bestimmtes Produkt das Richtige sein könnte und 2) der Gewohnheitskauf, indem man (fast) das Gleiche wie im letzten Jahr oder eine leichte Variante davon wählt, von der man davon ausgehen kann, dass sie im letzten Jahr eine zufriedenstellende Wirkung gehabt hat. Zudem besteht 3) die Möglichkeit, bei den ‚Unbekannten‘, vor allem aber bei den ‚Ganzanderen‘ und den ‚Kritisch-Wählerischen‘ direkt nach deren Wünschen zu fragen, anstatt zu versuchen, diese zu begeistern (Cheng et al. 2014).

In einer anderen Analyse ihrer Studienergebnisse gehen die Autoren (Otnes et al. 1993) der Frage nach, inwieweit die Wahl der Strategie gegenüber schwierigen Empfängern von der Rolle abhängig ist, den der Geber gegenüber dem Empfänger einnimmt (siehe Kap. 6). Von den identifizierten Rollen sind mit Bezug auf diese Frage nur die Rollen des ‚Begünstigers‘, ‚Kompensierers‘ und

‚Akzeptierers' relevant. Akzeptierer, die nur schenken, weil sie diesen Akt für obligatorisch halten, ergreifen eher geber-zentrierte Strategievarianten. Demgegenüber wählen Begünstiger, die alles daransetzen, dass ihre Geschenke dem Empfänger gefallen, und Kompensierer, die dem Empfänger mit einem Geschenk helfen wollen, ein Verlusterlebnis zu überwinden, vor allem empfängerzentrierte Strategien.

Bei keiner strategischen Handlungsalternative ist der Erfolg garantiert. Geber-zentrierte Strategien schließen schon definitorisch die Ausrichtung der Geschenküberlegungen auf den Empfänger aus. Bei den empfängerorientierten Strategien bietet nur die Direktabfrage in Bezug auf einige Typen schwieriger Empfänger eine Lösung an. Alle Strategien helfen aber vor allem dem Geber, den psychologischen Druck der Geschenksuche zu reduzieren. Das grundsätzliche soziale Risiko, nämlich doch eine falsche Wahl zu treffen und damit die Beziehung zum Empfänger zu beeinträchtigen, bleibt. Es ist allerdings ein Risiko, für das der Empfänger – in unterschiedlichem Maße – selbst verantwortlich ist.

Literatur

Cheng A et al (2014) Choosing gifts for picky people: where is the fun in that? Adv Consum Res 42:22–23

Enquist PO (2012) Strindberg. Ein Leben, btb Verlag, München

Lowrey T et al (2004) Social influences on dyadic giving over time: a taxonomy from the giver's perspective. J Consum Res 30(4):547–558

Otnes C et al (1992) Ho, ho, woe: Christmas shopping for „difficult" people. Adv Consum Res 19:482–487

Otnes C et al (1993) Gift selection for easy and difficult recipients: a social roles interpretation. J Consum Res 20(2):229–244

Pillai RG, Sukumarakurup K (2019) Elucidating the emotional and relational aspects of gift giving. J Bus Res 101:194–202

10

Geldgeschenke und Gutscheine: Wann sind sie tabu – und wann willkommen?

Geld und Gutscheine werden in Deutschland immer beliebter. In einer Befragung zum Weihnachtsfest 2020 hinsichtlich der geplanten Geschenke nimmt diese Kategorie den Spitzenplatz ein; 59 % der Befragten äußerten die entsprechende Absicht. Traditionelle weihnachtliche Geschenkklassiker wie Bücher (55 %), Spielwaren (49 %), Schmuck (29 %) oder Kosmetika (28 %) sind weit weniger beliebt (Statista 2021c, S. 55). In Österreich und in der Schweiz zeigt sich ein ähnliches Bild. Auf die Frage „Was verschenken Sie zu Weihnachten 2020 am liebsten?" erhielt die Antwortkategorie ‚Gutscheine' in Österreich die meisten Nennungen (52 %) mit großem Abstand gefolgt von ‚Kinderartikel und Spiele' (24,8 %) und ‚Bücher' (19,1 %). An vierter Stelle steht dann bereits ‚Bargeld' (17 %; Statista 2021b, S. 8). In einer etwas älteren Befragung für die Schweiz (2018) nimmt die Kategorie ‚Geschenkgutschein/Geld' mit 52 % den vierten Platz in der Geschenkrangliste ein (Statista 2021a, S. 13).

© Der/die Autor(en), exklusiv lizenziert durch Springer-Verlag GmbH, DE, ein Teil von Springer Nature 2021
B. Stauss, *Das perfekte Geschenk*,
https://doi.org/10.1007/978-3-662-63620-6_10

Diese Daten sind insofern erstaunlich, da **Geldgeschenke** einen ambivalenten **Charakter** haben. Sie können in ökonomisch-finanzieller Hinsicht für Geber und Empfänger Vorteile haben, weisen aber in Bezug auf die symbolische Dimension, den emotionalen Wert des Geschenks, Nachteile auf.

Ökonomen sehen in Geldgeschenken nur **Vorteile**. Ein Geber, der über ausreichend freie finanzielle Mittel verfügt, muss sich über ein passendes Geschenk keine Sorge machen. Er ist – wie der französische Soziologe Pierre Bourdieu (2005, S. 145) schreibt – von der symbolischen Konstruktionsarbeit entlastet: „Stellt man zum Beispiel aus Faulheit oder Bequemlichkeit am Ende einen Scheck aus, statt ein ‚persönliches', das heißt auf den vermuteten Geschmack des Empfängers abgestimmtes Geschenk zu machen, erspart man sich die Arbeit des Suchens, die mit der nötigen Aufmerksamkeit und Sorgfalt getan sein will, damit das Geschenk der Person mit ihrem Geschmack entspricht". Ein Empfänger, der vorwiegend ökonomisch interessiert ist, erhält Mittel, die er frei entsprechend seiner Präferenzen verwenden kann, und er kann daher sicherstellen, dass er keine unerwünschten Präsente erhält. Bei Sachgeschenken kommt es bei Anlässen wie Weihnachten oder Hochzeiten, wenn viele Menschen gleichzeitig Geschenke machen, vor, dass identische Geschenke gemacht werden, die Empfänger also überflüssigerweise Doppeltes erhalten (Cheal 1996). Das wird bei einem Geldgeschenk vermieden. Dazu kommt der Sachverhalt, dass Geber für ein Geschenk häufig mehr ausgeben, als der Empfänger selbst für dieses Produkt ausgegeben hätte. Dies macht für Ökonomen die Bevorzugung von Sachgeschenken irrational und ineffizient. Prominentester Vertreter dieser Position ist der amerikanische Ökonom Joel Waldfogel (1993, 1998). Wenn ein Mensch, so seine Argumentation, einen Pullover im Wert von 50

Dollar verschenkt, der dem Empfänger aber höchstens 25 Dollar Wert ist, dann erfolgt ein Wertverlust in Höhe von 25 Dollar, der mit einem Bargeldgeschenk hätte vermieden werden können. Die Bevorzugung von Sachgeschenken und die Vermeidung von Geldgeschenken erscheint damit als gesamtwirtschaftlicher Wohlfahrtsverlust von beträchtlicher Größenordnung. Nach Waldfogels Kalkulation soll dieser Verlust allein zu Weihnachten zwischen 10 % und einem Drittel der Ausgaben für Weihnachtsgeschenke ausmachen und daher zweistellige Milliardenhöhe erreichen. Dementsprechend rät er in seinen Veröffentlichungen dringend vom üblichen wertvernichtenden Schenken ab: „Warum Sie diesmal wirklich keine Weihnachtsgeschenke kaufen sollten" (Waldfogel 2011).

Was Ökonomen bei dieser Argumentation allerdings übersehen, sind die **nachteiligen symbolischen Bedeutungen** von Geldgeschenken (Burgoyne und Routh 1991). Geld legt den materiellen Charakter und den finanziellen Wert eines Geschenks völlig offen. Üblicherweise sind aber gerade die ökonomisch-kommerziellen Konnotationen, die mit Geld verbunden sind, bei Geschenken unerwünscht. Um solche unwillkommenen Begleitvorstellungen zu vermeiden, werden in der Regel sichtbare Preisangaben auf dem Produkt, etwa einem Buch, überklebt. Auch gibt Geld dem Geber keine Möglichkeit, seine spezifischen Gefühle zum Empfänger und seine emotionale Wertschätzung der Beziehung auszudrücken (Prendergast und Stole 2001). Geld hat keine der Eigenschaften, die man mit einem gelungenen Geschenk verbindet, beispielsweise die Mühe des Überlegens, des Aussuchens oder des Verpackens. Und dieser Mangel an persönlichen Bemühungen entwertet ein Geldgeschenk aus Sicht des Empfängers bzw. kann es sogar moralisch zweifelhaft machen (Cheal 1987, 1988). Noch bedeutsamer erscheint häufig die Tatsache, dass Geld dem Geschenk den Erinnerungseffekt nimmt. Der Geber verliert jede Identifikation mit dem gemachten Geschenk; und wenn er keine Rückmeldung bekommt, weiß er auch im Nachhinein nicht, was er eigentlich geschenkt hat (McGrath und Englis 1996). Auch die Identifikation des Empfängers mit dem Geschenk ist in der Regel gering, da er das später Gekaufte kaum mit dem Geber gedanklich in Verbindung bringt und es ihn nicht an diesen erinnert (Cheal 1987).

Diesen Nachteilen von Geldgeschenken entsprechen die **Vorteile von Sachgeschenken**: Nur mit einem Sachgeschenk kann ein Geber die Gedanken, die er sich gemacht hat, um die Wünsche des Empfängers zu erfüllen, verdeutlichen. Nur mit einem Sachgeschenk kann er seinen persönlichen Einsatz, seine Opfer, aber auch Informationen über sich und den Stand der Beziehung kommunizieren. Nur mit einem Sachgeschenk kann er zeigen, dass er gesellschaftliche Konventionen kennt und sich an diese hält, beispielsweise indem er als Gast Blumen oder einer Flasche Wein als Geschenk bringt und nicht einen Geldschein. Für diese Vorteile nehmen offenbar viele Menschen die wirtschaftlichen Nachteile von Sachgeschenken in Kauf. Die damit einhergehenden Ineffizienzen interpretieren Ökonomen als Preis, den Menschen zahlen, um dem Geschenk mit dem erwünschten symbolischen Wert auszustatten und dem Empfänger Zuneigung demonstrieren zu können (Camerer 1988; Cameron 1989).

Angesichts der zunehmenden Popularität von Geldgeschenken stellt sich die Frage, ob sich darin ein grundlegender gesellschaftlicher Wandel in der Bewertung der aufgeführten Vor- und Nachteile ausdrückt. Es liegt nahe, darüber zu spekulieren, ob das ökonomische Denken an Bedeutung gewinnt. Es ist durchaus denkbar, dass Gebern die Aussicht auf Effizienzgewinne und die Einsparungen an Zeit und Gedanken zunehmend attraktiver erscheinen als die erwartbare Freude des Empfängers über ein emotional wertvolles Geschenk. In gleicher Weise kann es sein, dass Empfänger immer stärker an Geld anstelle von mit Sorgfalt für sie ausgesuchten Dingen interessiert sind. Aber solche Vermutungen sind spekulativ und können sich nicht auf empirische Erkenntnisse stützen. Zudem ist beobachtbar, dass auch bei einer wohl wachsenden generellen Akzeptanz von Geldgeschenken diesbezüglich Differenzierungen vorzunehmen sind. Offenbar sind sie je nach Anlass, Art der Beziehung und dem relativen finanziellen Status der Beteiligten mehr oder weniger willkommen oder aber auch tabu.

Empirische Studien zeigen, dass Geldgeschenke nur bei vergleichsweise wenigen **Anlässen** als angemessen oder gar erwünscht erscheinen. Eine dieser Anlässe sind Hochzeiten (McGrawth und Englis 1996), wo es regional üblich sein kann bzw. sogar vom einladenden Paar explizit erbeten wird, Geld zu schenken. Ein wichtiger Grund dafür ist, dass damit die Kosten der Hochzeitsfeier bestritten werden sollen, sodass die Gäste zumindest das Festessen auf diese Weise bestreiten. Auch ist es denkbar, dass die Brautleute in ihrem bisherigen Single- oder gemeinsamen Paar-Leben bereits über eine Haushaltsausstattung verfügen. Dann können sie mit dem Geldwunsch erreichen, dass ihnen nichts Unnützes, Unerwünschtes oder Doppeltes geschenkt wird und sie zudem über einen Beitrag verfügen können, den sie für einen anderen großen Wunsch, beispielsweise eine besondere Hochzeitsreise nutzen können (Cheal 1988).

Bei anderen Anlässen – wie Geburtstag oder Weihnachten – ist Geld als Geschenk keineswegs immer angebracht. Bei einem weihnachtlichen Geschenkeaustausch werden die Gaben in einen spezifischen kulturellen Zusammenhang gestellt und durch quasi rituelle Maßnahmen wie eine aufwendige Verpackung und eine bewusst-bedeutsame Übergabe von der profanen Produktwelt abgehoben und zu einem gleichsam ‚sakralen' Gegenstand im Sinne des Speziellen und Verehrungswürdigen (Belk et al. 1989). Geldscheine sind hierfür wenig geeignet.

Wenn Geldgeschenke aber eingesetzt werden sollen, dann gilt es wiederum einige geltende, unhinterfragte und meist unbewusste Regeln zu beachten (Caplow 1982; Burgoyne und Routh 1991), die sich auf die Art der Beziehung und den relativen Status der Beteiligten beziehen.

In der **Beziehung** zwischen (Ehe-) **Partnern** ist ein Geldgeschenk zu Weihnachten oder zum Geburtstag ein absoluter Tabubruch. Es ist völlig unangemessen, wenn der Ehemann unter dem Weihnachtsbaum sein Portemonnaie öffnet und einen Schein rausrückt. Die Tristesse ist nur zu steigern, wenn beide Partner bei dieser Gelegenheit Briefumschläge mit Geldscheinen austauschen. Bei einem solchen gegenseitigen Geldgeschenk tritt auch die Reziprozitätsregel sofort wieder in Kraft, d. h. es wird peinlich offenbar, wer das kleinere Geldgeschenk gemacht hat. Wer mehr Geld vom Partner bekommt als er ihm gegeben hat, wird diese Situation in den meisten Fällen eher als erniedrigend empfinden und weniger als finanziellen Gewinn im Austausch. Frohe Weihnachtsstimmung ist hier nicht zu erwarten. Daher kommt diese Verhaltensweise auch kaum vor.

Bei Beziehungen zwischen **anderen familiären Mitgliedern** gelten abweichende Normen, insbesondere wenn sie in finanzieller Hinsicht ungleich ausgestattet sind. Empirische Studien über Geldgeschenke in der Realität zeigen, dass sie ganz überwiegend von älteren Verwandten wie Eltern oder Großeltern kommen, während diese in der Regel keine Geldgeschenke erhalten. Offenbar lautet eine

Regel: Wer Geld schenkt, sollte in Bezug auf **Alter und/ oder Status überlege**n sein (Caplow 1982; Burgoyne und Roth 1991). Dementsprechend ist es nicht nur normkompatibel, sondern meist sehr erwünscht, wenn beispielsweise **Großeltern** ihre Großzügigkeit gegenüber ihren studierenden Enkeln durch ein Geldgeschenk zum Ausdruck bringen. Das gilt insbesondere dann, wenn sich das Enkelkind einen großen, teuren Traum erfüllen will, z. B. eine Reise oder ein Auslandsstudium, einen Traum, der nur erfüllbar ist, wenn Verwandte finanzielle Unterstützung geben. Dabei ist es nicht erforderlich, dass den Großeltern das Geldgeschenk leichtfällt. Im Gegenteil, gerade wenn der Empfänger weiß, dass der Geber ein finanzielles Opfer bringt, erhält die monetäre Gabe noch zusätzlich einen hohen symbolischen Wert.

Ein entsprechendes Verhalten in umgekehrter Hinsicht gilt dagegen meist als unpassend und irritierend, etwa wenn studierende Kinder ihren Eltern ein Geldgeschenk machen, insbesondere wenn diese vornehmlich den Lebensunterhalt der Kinder finanzieren (Burgoyne und Roth 1991). Selbst wenn erwachsene Kinder in einer besseren finanziellen Situation als ihre Eltern sind und diese unterstützen wollen, ist es wenig angebracht, diese Unterstützung in Form von Geldgeschenken zu besonderen Anlässen zu leisten. Zum Muttertag einen Geldschein zu überreichen anstelle eines Blumenstraußes, sorgt mit Sicherheit eher für Irritation als für Freude.

Die Regel der alters- und/oder statusmäßigen Überlegenheit des Gebers impliziert bei altersähnlichen Partnern die symbolische Information, dass sich der Empfänger in einer statusmäßigen und finanziell unterlegenen Position befindet. Um diese Botschaft zu vermeiden, wird Geld als Geschenk unter **Freunden** fast nie eingesetzt (Burgoyne und Routh 1991). Auf die Problematik (zu) großzügiger Geschenke unter

Geschwistern wurde bereits hingewiesen. Diese Problematik ist bei Geldgeschenken besonders groß. Wer durch einen hohen finanziellen Betrag seine statusmäßige Überlegenheit gegenüber Geschwistern in Euro und Cent beweist, wird eher Gefühle der Demütigung statt der Dankbarkeit auslösen.

Personen, die am **Rande des familiären Netzwerkes** stehen, wie entfernte **Onkel und Tanten**, kennen meist die Interessen und Wünsche ihrer Nichten und Neffen kaum. Deshalb ist es für sie, auch angesichts der unzweifelhaften alters- und statusmäßigen Überlegenheit, naheliegend und angemessen, Kindern Geldgeschenke zu machen, gegebenenfalls nach Absprache mit den Eltern. Das gilt vornehmlich für größere Kinder, die sich in der Regel darüber sehr freuen, weil damit verhindert wird, dass sie im Zweifel etwas völlig Unerwünschtes oder aus ihrer Sicht Banales bekommen, und nun alle Freiheit haben, sich nach Geburtstag oder Weihnachten lange Ersehntes zu beschaffen oder neu aufgetauchte Wünsche zu erfüllen. Für sie sind Geldbeträge „Freiheitsgeschenke" (Schmid 2017, S. 22). Und es ist diese Verwendungsfreiheit, die aus Perspektive rein ökonomisch argumentierender Autoren diese Geschenke von Personen, die dem Empfänger weniger nah sind, als wesentlich effizienter erscheinen lassen als die Nichtgeldgeschenke von engen Familienmitgliedern (Waldfogel 2011). Denn Geldgeschenke vermeiden Wertvernichtung und führen in vielen Fällen zu hoher Zufriedenheit. Das gilt ganz besonders für Personen, die eine stark ausgeprägte Orientierung an Effizienz und Geld haben, wie dies bei Jill und Betty Trevor aus der nachfolgenden Weihnachtsgeschichte von De Horne Vaizey der Fall ist.

G. De Horne Vaizey: Betty Trevor

In dieser Geschichte geht es um das Verhalten von Jill Trevor und ihren Geschwistern Betty, Jack und Pam in der Weihnachtszeit. Jill gelingt es im Advent äußerst effizient und ökonomisch, an einem Nachmittag fünfzehn Geschenke zu erledigen, indem sie alte Pralinenschachteln und Parfümflaschen der Mutter mit billigem Ersatz nachfüllt. Dann schreibt sie an alle Verwandte, von denen sie Geschenke erwartet, vorsorglich Dankesbriefe, in denen sie sich überschwänglich bedankt, allerdings Leerstellen ließ, um später das tatsächlich erhaltene Geschenk eintragen zu können.

Von einem Freund des Hauses, dem alten General Digby, der sie dabei überrascht und an den sie als möglichen Geber gar nicht gedacht hatte, wird sie dazu aufgefordert, einen eigenen Wunsch zu nennen.

„Ich soll mir selbst etwas wünschen? Oh, das könnte ich nicht. Das ist wirklich sehr lieb von Ihnen, aber, wirklich, ich könnte mich nicht entscheiden. Es ist nämlich so, verstehen Sie – ich möchte alles, was ich kriegen kann!"

„Ja, nicht wahr!" rief der General. *„Ehrlich währt am längsten, meine Liebe. Na, dann wollen wir mal sehen, was sich tun lässt."*

Am Weihnachtstag nach der Rückkehr von der Kirche fällt Bettys Blick auf einen Stapel von Weihnachtskarten.

„Hier ist Geld drin! Das kann ich fühlen. Meins ist ziemlich klein – wie ein – ein…"

Aufgeregt öffnete sie ihren Brief. Darin befand sich ein Briefbogen, der einen zweiten Umschlag umschloss. Hastig riss Betty ihn auf und hielt einen brandneuen Goldtaler hoch. „Toll! Einfach toll! Ich hatte gar kein Geld mehr – und nun! Welcher Engel mir das wohl geschickt hat?"

Sie hob den Briefbogen wieder auf, den sie in der Eile hatte fallen lassen, und las laut vor: „Mit den besten Wünschen von General Digby."

Jack und Jill bekamen auch jeder eine Münze und Pam einen herrlichen Silbertaler.

„Er sagte, er würde mir etwas schicken, aber ich hätte nie gedacht, dass es Geld sein würde. Das ist mir lieber als alles andere, reich sein in den Weihnachtsferien!", rief Jill.

Tig Thomas (Red.), Weihnachtsgeschichten: Zum Vor- und Selberlesen © Nelson in der Carlsen Verlag GmbH, Hamburg (2019).

In De Horne Vaizeys Geschichte macht das Geldgeschenk viel her, Betty bekommt einen „brandneuen Goldtaler", Pam einen „herrlichen Silbertaler". Moderne Geldgeschenke fallen in der Regel weit weniger herrlich und glänzend aus. Am profansten ist es, wenn der Betrag einfach aufs Konto überwiesen wird, üblicher aber erfolgt die Übergabe in einem Umschlag. Wenn dieser, sei es unmittelbar oder häufig erst später, geöffnet wird, dann sollte allerdings der enthaltene Schein auch in einem guten Zustand – möglichst neu – sein. Menschen schätzen saubere und neue Geldscheine, während solche in (sehr) gebrauchtem Zustand gleichsam kontaminiert erscheinen (Di Muro und Noseworthy 2013), was sich negativ auf die Bewertung des Geschenks, ja selbst auf die Wahrnehmung des Geldwerts auswirkt.

Eine nur wenig getarnte Variante des Geldgeschenks stellen **Gutscheine** dar, die der Empfänger für ein Geschenk einlösen kann, wobei die maximale Höhe des Geldbetrages genau festgelegt ist. Solche Gutscheine weisen teilweise die gleichen **Nachteile** wie reine Geldgeschenke auf. So wird auch hier der präzise monetäre Wert offensichtlich und macht eine ökonomische Bewertung des finanziellen Einsatzes und eventuell der Beziehungsstärke möglich. Dabei wird – wie beim direkten Geldgeschenk – der Nennbetrag des Gutscheins vom Empfänger oft als weniger wertvoll wahrgenommen, weil das „Bargeldstigma" psychologisch wie eine Steuer wirkt, so dass ein 100-Dollar-Gutschein beim Empfänger beispielsweise nur wie ein 80-Dollar-Geschenk wirkt (Waldfogel 2011, S. 61). Darüber hinaus wird die Flexibilität des Geldausgebens durch die Festlegung des Unternehmens eingeschränkt, bei dem die Einlösung erfolgen muss. Insofern erscheint diese Variante auf den ersten Blick sogar noch problematischer zu sein als ein reines Geldgeschenk. Dennoch erhalten sie vergleichsweise mehr Akzeptanz (Webley und Wilson 1989; Webley et al. 1983).

Der Grund hierfür liegt darin, dass Geschenkgutscheine speziell auf die Bedürfnisse und Wünsche des Empfängers ausgerichtet werden können (Burgoyne und Routh 1991). Ein zielsicher ausgesuchter Gutschein für ein Essen im Lieblingsrestaurant des Empfängers oder für den Besuch eines von ihm bevorzugten Museums oder Konzerts signalisiert die gedankliche Beschäftigung des Gebers mit der Person des Empfängers und Einfühlungsvermögen. In diesem Fall ist der Gutschein für den Geber auch noch mit dem **Vorteil** verbunden, dass bei der Einlösung die gute Erinnerung an ihn aktiviert wird. Allerdings muss er auch eingelöst werden, was aber in vielen Fällen nicht oder nur zum Teil der Fall ist. Nicht eingelöste Gutscheine verschaffen dem Einzelhandel jährlich Millionengewinne, was zwar keine Wertvernichtung darstellt, aber bedeutet, dass das Geschenk nicht – wie geplant – dem Empfänger, sondern den Einzelhandelskonzernen gemacht wird (Waldfogel 2011).

Ohne die Nachteile des monetären Charakters und ohne Zielkonfliktprobleme sind Gutscheine, mit denen der Geber selbst seine Zeit oder seine Dienstleistung anbietet, etwa 3 × Babysitting, Holzhacken oder einen Computer-Lehrgang. Werden Gutscheine dieser Art tatsächlich zielgerichtet auf die Bedürfnisse des Beschenkten ausgerichtet und machen sie auch im Hinblick auf die Kompetenzen, das versprochene Engagement und gegebenenfalls auch die finanziellen Restriktionen des Gebers Sinn, werden sie Freude auslösen. Dazu kommt die Vorfreude auf die zu erwartenden hilfreichen Kontakte und gemeinsamen Aktivitäten in der Zukunft.

Hinsichtlich der Einlösung bestehen bei Geldgutscheinen und nicht-monetären Gutscheinen unterschiedliche Verpflichtungen. Bei Geldgutscheinen ist es Aufgabe des Empfängers dafür zu sorgen, dass der Gutschein auch eingelöst wird. Empfehlenswert ist zudem, dass der Geber über die Einlösung und die dabei ausgelösten positiven Emotionen informiert wird. Bei nicht-monetären Zeit- und Dienstgutscheinen liegt eine andere Situation vor. Hier ist es für den Beschenkten oft peinlich, die gemachten Zusagen einzufordern. Deshalb ist es die Pflicht des Schenkers, auf den Beschenkten zuzugehen und Termine zu vereinbaren. Unterlässt er es und ,verfällt' der Gutschein bis zum nächsten Weihnachtsfest, dann erscheint das zunächst so gern empfangene Geschenk als offensichtlich nicht ernstgemeinte, leicht realisierbare Verlegenheitslösung. Der Empfänger fühlt sich getäuscht und hofft, beim nächsten Weihnachtsfest nicht wieder einen solchen Gutschein zu erhalten.

Literatur

Belk, R. W. et al. (1989): The sacred and the profane in consumer behavior: theodicy on the odyssey. J Consum Res 16(1):1–38

Bourdieu P (2005) Die Ökonomie der symbolischen Güter. In: Adloff F, Mau S (Hrsg) Vom Geben und Nehmen. Zur Soziologie der Reziprozität, Campus Verlag, Frankfurt a. M., S 139–155

Burgoyne CB, Routh DA (1991) Constraints on the use of money as a gift at Christmas: the role of status and intimacy. J Econ Psychol 12(1):47–69

Camerer C (1988) Gifts as economic signals and social symbols. Am J Sociol 94(Supplement: Organizations and institutions: Sociological and economic approaches to the analysis of social structure):180–214

Cameron S (1989) The unacceptability of money as a gift and its status as a medium of exchange. J Econ Psychol 10(2):253–255

Caplow T (1982) Christmas gifts and kin networks. Am Sociol Rev 47(3):383–392

Cheal D (1987) Showing them you love them: gift giving and the dialectic of intimacy. Sociol Rev 35(1):150–169

Cheal D (1988) The gift economy. Routledge, London

Cheal D (1996) Gifts in contemporary North America. In: Otnes C, Beltramini RF (Hrsg) Gift giving: a research anthology. Bowling Green State University Popular Press, Bowling Green, S 85–97

De Horne Vaizey (2019) Dankesbriefe, nach: Betty Trevor. In: Thomas T (Red) Weihnachtsgeschichten. Zum Vor- und Selberlesen, Nelson im Carlsen Verlag, Hamburg, S 262–271

Di Muro F, Noseworthy TJ (2013) Money isn't everything, but helps if it doesn't look used: how the physical appearance of money influences spending. J Consum Res 39(6):1330–1342

McGrath MA, Englis B (1996) Intergenerational gift giving in subcultural wedding celebrations: the ritual audience as cash cow. In: Otnes C, Beltramini RF (Hrsg) Gift giving: a research anthology. Bowling Green State University Popular Press, Bowling Green, S 123–141

Prendergast C, Stole L (2001) The non-monetary nature of gifts. Eur Econ Rev 45(10):1793–1810

Schmid W (2017) Vom Schenken und Beschenktwerden, 2. Aufl. Insel Verlag, Berlin

Statista (2021a) Weihnachten in der Schweiz, study_id31438_ weihnachten-in-der-schweiz-statista-dossier.pdf. Zugegriffen: 25. Febr. 2021

Statista (2021b) Weihnachten in Österreich, study_id31498_ weihnachten-in-österreich-statista-dossier.pdf. Zugegriffen: 25. Febr. 2021

Statista (2021c) Weihnachtsgeschäft in Deutschland, study_ id7662_weihnachten_statista-dossier.pdf. Zugegriffen: 08. Febr. 2021

Waldfogel J (1993) The deadweight loss of Christmas. Am Econ Rev 83(5):1328–1336

Waldfogel J (1998) The deadweight loss of Christmas: reply. Am Econ Rev 88(5):1358–1359

Waldfogel J (2011) Warum Sie diesmal wirklich keine Weihnachtsgeschenke kaufen sollten. Verlag Antje Kunstmann, München

Webley P, Wilson R (1989) Social relationships and the unacceptability of money as a gift. J Soc Psychol 129(1):85–91

Webley P et al (1983) The unacceptability of money as a gift. J Econ Psychol 4(3):223–238

11

Geschenkeübergabe und -empfang: Der Augenblick der Wahrheit

Bei der Übergabe und dem Empfang des Geschenks entscheidet sich, ob das Ziel, Freude auszulösen, erreicht wird oder nicht. Daher ist diese Austauschsituation der ‚Augenblick der Wahrheit‘ im Schenkprozess.

Interessanterweise hat dieser meist kurze Moment schon Einfluss auf das Verhalten der Beteiligten, bevor er eintritt. Als gedankliche Vorwegnahme spielt er bereits in der **Vorbereitungsphase** eine Rolle. Denn die Vorfreude auf die Freude des Empfängers bei der Entgegennahme des Geschenks beeinflusst das Engagement des Schenkers, seine Suchstrategien und auch seine Geschenkentscheidung. So wird angenommen, dass es Gebern insbesondere bei den Geschenken, die direkt übergeben werden, vor allem auf die unmittelbare emotionale Reaktion des Empfängers und weniger auf dessen spätere Zufriedenheit ankommt. Yang und Urminsky (2018) bezeichnen diese Annahme als ‚Streben-nach-Lächeln-Hypothese‘ („smile-seeing hypothesis"). Danach veranlasst dieses Streben Geber dazu, sich

© Der/die Autor(en), exklusiv lizenziert durch Springer-Verlag GmbH, DE, ein Teil von Springer Nature 2021
B. Stauss, *Das perfekte Geschenk*,
https://doi.org/10.1007/978-3-662-63620-6_11

für Geschenke zu entscheiden, von denen sie annehmen, dass sie beim Auspacken spontan mehr Freude auslösen werden. Zugleich vernachlässigen sie damit den Umstand, dass Empfänger möglicherweise insgesamt zufriedener mit einem anderen Geschenk sein könnten, das beim späteren Gebrauch Vorteile aufweist. Diese Verhaltensweise erscheint aus ihrer Perspektive rational. Denn eine spätere Zufriedenheit des Empfängers können sie nicht beobachten, meist werden sie davon überhaupt nichts oder kaum etwas erfahren. Lächeln und Ausrufe der Begeisterung des Empfängers bei Sichtbarwerden des direkt übergebenen Objekts dagegen erleben sie unmittelbar als Belege des geglückten Geschenks. Es erscheint daher auch plausibel, dass Geber bisweilen bewusst von den Präferenzen des Empfängers abweichen (Galak et al. 2016). So wird die ‚Streben-nach-Lächeln-Hypothese' als eine weitere Erklärung dafür herangezogen, dass Geber Sachgeschenke gegenüber Bargeld bevorzugen, selbst wenn die Empfänger eigentlich Bargeld lieber hätten. Danach treffen Geber diese Entscheidung, solange sie davon ausgehen, dass Geldgeschenke schwächere affektive Reaktionen hervorrufen (Gino und Flynn 2011; Yang und Urminsky 2018).

Zur gedanklichen und praktischen Vorbereitung auf den ‚Augenblick der Wahrheit' gehört auch das **Verpacken**. Nach der ‚Einpackregel' müssen Geschenke, insbesondere zu formalen Anlässen wie Weihnachten oder Geburtstagen, eingepackt werden, bevor sie übergeben werden können. Verschiedene Gründe spielen hierfür eine Rolle. Cheal (1987) weist darauf hin, dass die meisten Geschenke heutzutage industriell gefertigte Massenprodukte sind, die kaum Möglichkeiten bieten, sie mit individueller Botschaft aufzuladen. Um diese austauschbaren Produkte als Geschenke auszuweisen, müssen sie in bestimmter Weise personalisiert und markiert werden. Dazu dient die Verpackung. Für einen Moment wird die

Aufmerksamkeit nicht auf den Inhalt gelenkt, sondern auf die Tatsache, dass es sich um ein Geschenk handelt. Vor allem ist es aber die Funktion von Verpackung, Vorfreude und Spannung zu erhöhen und Überraschungen zu ermöglichen. Selbst schwierig zu verpackende Gegenstände – wie ein Fahrrad – werden dann symbolisch verpackt, etwa durch Schleifen oder eine Decke und zudem bis zur Übergabe versteckt (Caplow 1984, S. 1309). Analoges gilt für Erlebnisgeschenke, etwa Reisen und Freizeitaktivitäten, die als immaterielle Dinge nicht verpackbar sind. Die entsprechenden Flugtickets, Hotelgutscheine oder Konzertkarten werden zumindest in einem Umschlag ‚versteckt‘, der bisweilen noch in ein weiteres Päckchen gelegt wird, um die Fantasie des Empfängers in die falsche Richtung und auf ein mögliches materielles Objekt zu lenken (Clarke 2007, 2013).

Wenn der **Moment des Geschenkaustauschs** da ist, ist es auch die Verpackung, die einen ersten Eindruck vom Geschenk vermittelt. Bei Kindern ist dieser kaum von Bedeutung. Für sie ist die Verpackung meist nichts anderes als ein erwartungssteigerndes Hindernis, das möglichst schnell zerstörend überwunden wird. Bei Erwachsenen ist die Verpackung aber ein Zeichen, das in vielen Details bewertet wird. Beispielsweise spielen die Qualität des Papiers, die Angemessenheit des Motivs für den fraglichen Anlass und die zusätzliche Verwendung von Bändern, Schleifen, Aufklebern oder Anhängern eine Rolle. Ebenso wird in der Regel wahrgenommen, mit welcher Sorgfalt das Geschenk verpackt ist und ob der Geber selbst tätig geworden ist oder der professionelle Einpackdienst eines Händlers in Anspruch genommen wurde.

Angesichts dieses Zeichencharakters und der Kommunikationswirkung der Verpackung geben sich viele Geber viel Mühe und nehmen auch Kosten in Kauf, um ein ordentlich verpacktes Geschenk überreichen zu können. Sie vermuten, dass Empfänger genau dies erwarten, und manche sind auch unzufrieden mit dem Ergebnis, weil das Aussehen des von ihnen eingepackten Geschenks nicht so gut ausfällt, wie sie es sich vorgestellt haben und für den Empfänger als notwendig ansehen. Bei diesen Überlegungen und Aktivitäten gehen Geber davon aus, dass ein „**Übertragungseffekt**" („spillover effect") in dem Sinne besteht, dass eine schöne Verpackung positiv auf die Bewertung des Geschenks abstrahlt und sich eine wenig ansehnliche Verpackung negativ auf die Einschätzung des Geschenks auswirkt.

Auf die Fragen, ob dieser Effekt tatsächlich besteht und, wenn ja, wir stark dieser ausfällt, gibt es in der Forschung bisher nur wenige und zudem nicht eindeutige Antworten. Howard (1992) stellt in mehreren Experimenten fest, dass die Verpackung eines Geschenks eindeutig positiv die Einstellung des Empfängers zum erhaltenen Objekt beeinflusst. Er erklärt diesen Effekt theoretisch damit, dass verpackte Geschenke Erinnerungen an frühere Glücksmomente und freudige Anlässe mit Geschenken hervorrufen, die in der Regel verpackt waren, etwa Geburtstage in der Kindheit. Und diese wieder aktivierten Gefühle versetzen den Empfänger in eine glückliche Stimmung, die die Beurteilung des Geschenks in positiver Richtung verzerrt. In seinen empirischen Studien zeigt sich zudem, dass glückliche Stimmung und Einfluss auf die Wahrnehmung des Geschenks stärker ausfallen, wenn das Geschenk in traditionellem Geschenkpapier eingewickelt ist und zu einem rituellen Anlass, wie einem Geburtstag, geschenkt wird.

Doch ob diese Wirkung in jedem Fall eintritt, ist nicht unumstritten. Offensichtlich scheint die Wirkung der Verpackung auf den Empfänger komplexer als zunächst angenommen zu sein. Wie Rixom et al. (2019) in ihren Studien zeigen, wecken Verpackungen

Erwartungen hinsichtlich des Geschenks, können also Erwartungen steigern oder verringern und insofern Einfluss auf die Wahrnehmung und die Zufriedenheit des Empfängers nehmen. Empfänger haben beim Anblick aufwendiger, schöner und sorgfältiger Verpackungen höhere Erwartungen an ein Geschenk als an schlampig verpackte. Diese Erkenntnisse bestätigen somit auch eine Art Ausstrahlungseffekt, allerdings nur in Bezug auf die Erwartungen des Empfängers. Die Forscher legen den Fokus ihrer Forschung aber auf Situationen, in denen sich die geweckten Erwartungen nicht bestätigen. Jetzt zeigt es sich, dass unbestätigte Erwartungen einen gegenteiligen Effekt auf die Bewertung des Geschenks haben („**Kontrasteffekt**"). Wenn sich die durch die Verpackung erhöhte Erwartung nach dem Auspacken nicht erfüllt, hat dies einen negativen Effekt auf die Bewertung des Geschenks und die Zufriedenheit des Empfängers. Reduziert dagegen eine schlampige Verpackung die Erwartung an das Geschenk und stellt sich dieses dann als sehr schön heraus, dann hat diese Diskonfirmation der Erwartung einen zufriedenheitssteigernden Effekt.

Allerdings kann man aus diesen Ergebnissen nur die Empfehlung ableiten, übertriebene, dem Geschenk nicht entsprechende Luxusverpackungen zu vermeiden. Demgegenüber erscheint der Schluss wenig sinnvoll bzw. mehr als risikoreich, durch nachlässige Verpackung die Erwartungen zu senken, um durch das Übertreffen der Erwartungen beim Auspacken eine höhere Bewertung und Zufriedenheit zu erreichen. Zum einen ist es nicht zwingend, dass der erwünschte Kontrasteffekt überhaupt auftritt, zum anderen beeinflusst die Art der Verpackung nicht nur Erwartungen hinsichtlich des Geschenks, sondern vermittelt auch Informationen über den Geber, seinen Geschmack und die von ihm aufgewandte Mühe und Sorgfalt. Das Aussuchen und Verwenden eines dem

Anlass speziell angemessenen Papiers, die angebrachten Verzierungen und Beschriftungen, die Verwendung von Bändern und Schleifen, all dies sagt etwas aus über die Mühen, die sich der Geber macht, seine Opfer an finanziellen Mitteln und Zeit und gibt damit auch Hinweise auf den Beziehungsstatus.

Insofern erscheint die vielgeübte Praxis von Gebern, der Verpackung Aufmerksamkeit zu schenken, durchaus gerechtfertigt. Das gilt auch in Bezug auf aktuelle Überlegungen, unter ökologischen Gesichtspunkten das eigene Nachhaltigkeitsbewusstsein dadurch zum Ausdruck bringen, dass man die Einpackregel für überholt erklärt und die ‚Unverpackt-Lösung' wählt. Denn oft steht den dadurch erreichten Vorteilen eines guten ökologischen Gewissens und einer entsprechenden Selbstdarstellung des Gebers der Nachteil geringerer oder fehlender positiver Emotionen aufseiten des Empfängers gegenüber.

Die eigentliche **Übergabe** des verpackten Geschenks stellt an Geber und Empfänger klare Anforderungen und ist mit erheblichen Risiken verbunden ist (Belk und Coon 1993; Otnes et al. 1993; Austin und Huang 2012). Der Schenkende hat die Überreichung mit einer persönlichen Ansprache des Empfängers zu begleiten; der Empfänger muss das Geschenk mit Freude entgegennehmen, mit großer Aufmerksamkeit auspacken und dann positive Überraschung und Dankbarkeit zeigen. Nicht nur der Geber hat also bestimmte Einpackpflichten zu erfüllen, sondern der – erwachsene – Empfänger hat korrespondierende Auspackpflichten zu beachten. Er „darf alle legitimen Gefühlsregungen für Ungewissheit ins Spiel bringen, er kann Nervosität und Neugier zeigen, sich etwas ungeschickt der Verhüllung entledigen, um schließlich auf den dramatischen Höhepunkt in eine befreiende, Überraschung und Freude signalisierende Geste abzugleiten" (Berking 1996, S. 25).

Damit man hier nichts falsch macht, muss man üben. In Maruan Paschens Roman „Weihnachten: Ein Roman" beschreibt der Protagonist, wie er von seiner Mutter im Hinblick auf richtiges Auspacken regelrecht geschult wurde:

Maruan Paschen: Weihnachten

Wie packen Sie Geschenke aus? Früher habe ich das Geschenkpapier von den Geschenken heruntergerissen. Meine Mutter hat mir erklärt, dass es eine Wertschätzung sei, seine Geschenke vorsichtig auszupacken. Denn sie, meine Mutter, habe sich sehr bemüht, die Geschenke schön einzupacken. Wir haben dann das Auspacken geübt, mit Zeitungspapier und einer Butterbrotdose. Also, erstmal hat meine Mutter die Butterbrotdose in Zeitungspapier verpackt und sich dabei viel Mühe gegeben. Dann hat sie mir gezeigt, wie man ein Geschenk vorsichtig schüttelt und horcht, wie man daran riecht und wie man sagt: „Hoffentlich ist es ein Buch!" Dann, wie man vorsichtig den Tesafilm entfernt, ohne das Papier zu beschädigen, wie man richtig „ohh" und „ahh" sagt und dass man es immer auch ein wenig lustig meinen könne, um nicht mit dem Wort „ironisch" zu sprechen.

Aus: Maruan Paschen. *Weihnachten*. © (2018) MSB Matthes & Seitz Berlin Verlagsgesellschaft mbH.

Weil das Auspacken und das Erkennen des Geschenks ein so besonderer Moment ist, werden gerade zu Weihnachten Empfänger gern in dieser Situation, im Augenblick der wirklichen oder gespielten Begeisterung, fotografiert (Caplow 1984).

Wenn die Erwartungen des Empfängers allerdings nicht erfüllt werden und von Begeisterung keine Rede sein kann, bedarf es der Gefühlsarbeit im Sinne des Managements der eigenen Emotionen (Hochschild 2006;

Taute und Sierra 2015), denn Höflichkeitsregeln und soziale Normen gebieten, keinerlei Zeichen von Enttäuschung zu zeigen. Das ist aber nicht immer einfach, weil gerade zu Weihnachten so viel schief gehen kann, wie es Florian Illies in der folgenden Szene beispielhaft beschreibt.

Florian Illies: Anleitung zum Unschuldigsein

Jeder weiß, dass Weihnachten das Fest der Schuldgefühle ist. …Denn wie soll man sich verhalten, wenn man anstelle des gewünschten Hundes einen Stoffhund geschenkt bekommt, wie soll man schauen, wenn man sieht, wie die Mutter die Wunschzettel verwechselt hat und der Bruder das Buch bekommt, das man sich selbst gewünscht hatte und das er nun begeistert entgegennimmt? Wie soll man reagieren, wenn die Großmutter einem einen Pullover gestrickt hat, der so hässlich ist, dass er sofort in die Altkleidersammlung wandern muss, wie schließlich, wenn man sieht, dass das Geschenk des Bruders für einen selbst doppelt so teuer war wie das, was man für ihn ausgesucht hat?

Florian Illies: Anleitung zum Unschuldigsein, © (2002), S. Fischer Verlag GmbH, Frankfurt am Main.

In solchen Situationen verlangt die kulturelle Norm, dass der Empfänger nicht nur schweigend das Martyrium der negativen Emotionen intern verarbeitet, sondern die gegenteiligen geforderten Gefühle der Freude und Dankbarkeit zeigt (Sherry et al. 1992).

Die Einhaltung dieser Forderung gelingt aber keineswegs immer, da Empfänger ihre negativen Gefühle über verschiedene Weise kommunizieren, ohne dass sie sich in jedem Fall dessen bewusst sind. Vor allem **drei Kommunikationskanäle** spielen hier eine wichtige Rolle (Roster 2006):

- **Sichtbare Mimik und Gestik**: Hochgezogene Augenbrauen, ein einfrierendes Lächeln oder ein Gesichtsausdruck, der nicht zur verbal geäußerten Freude passt, verdeutlichen die tatsächliche Bewertung.
- **Hörbare Reaktionen**: Wenn Empfänger unmittelbare Hinweise auf die Nichteignung des Geschenks geben oder Fragen stellen, die auf Unverständnis hindeuten („Was macht man damit?") zeigen sie, dass ihre Erwartungen nicht erfüllt wurden. Das gleiche gilt, wenn das Erhaltene mit einem Ton in der Stimme kommentiert wird, der zur vorgetragenen Begeisterung in Widerspruch steht. Auch das Fehlen von Äußerungen kann vielsagend sein, etwa wenn das Geschenk ohne Dank oder positive Kommentierung entgegengenommen wird.
- **Der Umgang mit dem Geschenk**: Deutlich wird eine Missachtung eines Geschenks schon unmittelbar nach der Übergabe, wenn es achtlos platziert wird. Mittelfristig äußert sie sich in der Weigerung, das Erhaltene zu benutzen oder zur Schau zu stellen. Das ist beispielsweise der Fall, wenn Kleidungstücke nie getragen oder Vasen im Keller versteckt, entsorgt oder weiterverschenkt werden (Roster und Amann 2003; Roster 2006).

Man kann davon ausgehen, dass Geber solche Botschaften der Enttäuschung decodieren. Denn sie beobachten die Reaktion des Empfängers mit großer Aufmerksamkeit und suchen nach Hinweisen darauf, ob er sich wirklich gefreut oder die Enttäuschung nur zu verheimlichen versucht hat. Wenn das Ausbleiben von Freude nicht zu übersehen ist, löst dies beim Geber unmittelbar Enttäuschung oder andere negative Emotionen wie Schuld und Scham aus (Sherry et al. 1992). Dies beinhaltet die wichtige Erkenntnis, dass nicht nur das Verhalten des Gebers, sondern in hohem Maße auch die emotionale Reaktion des Empfängers auf das Geschenk bestimmen, ob Schenken die Beziehung intensiviert oder abschwächt.

Denkbar ist natürlich auch, dass die enttäuschten Empfänger auf Täuschungsstrategien verzichten und ehrlich ihre mangelnde Zufriedenheit äußern. In einer explorativen Studie von Roster und Amann (2003) geben Befragte in ihrer Rolle als Empfänger an, Ehrlichkeit zu schätzen und dass sie die Fähigkeit, über misslungene Geschenke offen zu sprechen, als Ausdruck einer vertrauensvollen Beziehung ansehen. Doch sie nennen auch eine Reihe von Faktoren, die sie mehr oder weniger daran hindern, ehrlich – wie eigentlich präferiert – zu handeln. Noch vergleichsweise einfach scheint eine ehrliche Rückmeldung in vertrauten, engen, aber nicht romantischen Beziehungen zu sein. Aber auch dort fällt Ehrlichkeit offenbar schwer, wenn der Geber erhebliche Investitionen in die Auswahl, die Präsentation und die symbolische Bedeutung des Geschenks gelegt hat. Ebenso hinderlich für ein ehrliches negatives Feedback ist die Furcht, dass man aufgrund der individuellen Eigenschaften des Schenkenden damit rechnen muss, dass er beleidigt und verletzt reagieren wird. Insofern ist im Augenblick der Wahrheit nur selten mit einer normverletzenden, offen artikulierten negativen Wahrheit zu rechnen.

Der Augenblick des Geschenkempfangs ist nicht allein wegen der momentanen emotionalen Wirkung so bedeutsam, sondern auch weil diese Emotionen **Nachwirkungen** haben. Ruth et al. (1999, 2004) untersuchen diese Folgewirkungen im Hinblick auf die Beziehung zwischen den Beteiligten. Mit Hilfe von Tiefeninterviews und Befragungen nach der Methode der Kritischen Ereignisse bitten sie die Probanden, besondere Schenkerlebnisse zu schildern und Auskunft für die kurz- und langfristigen Folgen des Geschenks für die Beziehung zu geben. Aufgrund der Antworten identifizieren sie sechs Beziehungseffekte in der Verwendungsphase, in der es zu einer Anpassung des Verhältnisses kommt.

- **Stärkung** („strengthening"): Die Beziehung erhält durch das Geschenk eine positive Wendung, gewinnt also an Intensität und Tiefe, was häufig insbesondere durch Geschenke mit hoher symbolischer Bedeutung gelingt.
- **Bestätigung einer positiven Beziehung** („affirmation"): Die Geschenke bestärken eine gute Beziehung, ohne diese auf eine höhere Ebene zu heben, indem sie bestehende Freundschafts- und Familienbande reproduzieren.
- **Vernachlässigbarer Effekt** („negligible effect"): Das Geschenk verändert die Beziehung nicht oder kaum merklich, weder in positiver noch in negativer Hinsicht.
- **Bestätigung einer negativen Beziehung** („negative confirmation"). Hier erweisen sich die Geschenke als weitere Belege einer bestehenden schlechten Beziehung. Wie in der Vergangenheit erfährt der Empfänger, dass es an Gefühlen der Verbundenheit sowie gemeinsamen Werten und Interessen fehlt, was aber nicht zu einer weiteren Verschlechterung der Beziehung führt.
- **Schwächung** („weakening"): Die Geschenke wecken starke negative Gefühle wie Ärger, Unbehagen oder Peinlichkeit. Das ist insbesondere der Fall, wenn das Geschenk als beleidigend oder respektlos wahrgenommen wird, als eine Art Bestechung interpretiert wird oder implizit mit der Erwartung an eine unangenehme spezifische Gegenleistung verbunden ist. Hier verschiebt sich die empfundene Beziehungsqualität in negative Richtung.

- **Trennung** („severing"): In sehr seltenen Fällen führen Geschenke auch zur unmittelbaren Auflösung von Beziehungen. Das kommt aber nur in extremen Situationen vor, beispielsweise wenn Geschenke als Bestandteil einer Stalking-Strategie wahrgenommen und als Bedrohung empfunden werden.

Wenig überraschend führen überwiegend positive Emotionen wie Freude, Überraschung und Dankbarkeit zur Stärkung und Bestätigung einer positiven Beziehung, während negative Emotionen den problematischen Charakter einer Beziehung bekräftigen, diese schwächen oder sogar zur Trennung führen. Demgegenüber ist es ein Mix aus positiven und negativen Emotionen, der zum vernachlässigbaren Effekt führt. Interessanter erscheint der beobachtete Langzeiteffekt der Emotionen. Offenbar kann sich der Beziehungseffekt insbesondere der spontanen negativen emotionalen Reaktionen durch psychologische Umdeutung („Reframing") mit der Zeit abschwächen, weil Empfänger den Vorfall in ihrem Bewusstsein aktiv herunterspielen und bagatellisieren (Ruth et al. 1999). Dieser Effekt mag Gebern im Falle missglückter Geschenke Hoffnung auf die zukünftige Entwicklung der Beziehung geben. Wenn ihnen aber wirklich viel an der Beziehung liegt, sollten sie alle Anstrengungen darauf konzentrieren, den Augenblick der Wahrheit zum Augenblick der gemeinsamen Freude zu machen.

Literatur

Austin CG, Huang L (2012) First choice? Last resort? Social risks and gift card selection. J Mark Theory Pract 20(3):293–306

Belk RW, Coon GS (1993) Gift giving as agapic love: an alternative to the exchange paradigm based on dating experiences. J Consum Res 20(3):393–417

Berking H (1996) Schenken. Zur Anthropologie des Gebens. Campus Verlag, Frankfurt a. M.

Caplow T (1984) Rule enforcement without visible means: Christmas gift giving in Middletown. Am J Sociol 89(6):1306–1323

Cheal D (1987) Showing them you love them: gift giving and the dialectic of intimacy. Sociol Rev 35 (1):150–169

Clarke J (2007) The four ‚S's' of experience gift giving behaviour. Hospitality Manage 26:98–116

Clarke JR (2013) Experiential aspects of tourism gift consumption. J Vacation Mark 19(1):75–87

Galak J et al (2016) Why certain gifts are great to give but not to get: a framework for understanding errors in gift giving. Curr Dir Psychol Sci 25(6):380–385

Gino F, Flynn F (2011) Give them what they want: the benefits of explicitness in gift exchange. Adv Consum Res 38:198–199

Hochschild AR (2006) Das gekaufte Herz. Die Kommerzialisierung der Gefühle. Campus Verlag, Frankfurt a. M.

Howard D (1992) Gift-wrapping effects on product attitudes: a mood-biasing explanation. J Consum Psychol 1(3):197–223

Illies F (2002) Anleitung zum Unschuldigsein. S Fischer Verlag, Frankfurt a. M.

Otnes C et al (1993) Gift selection for easy and difficult recipients: a social roles interpretation. J Consum Res 20(2):229–244

Paschen M (2018) Weihnachten. MSB Matthes & Seitz, Berlin

Rixom JM et al (2019) Presentation matters: the effect of wrapping neatness on gift attitudes. J Consum Psycho 30(2) S 329–338

Roster CA (2006) Moments of truth in gift exchanges: a critical incident analysis of communication indicators used to detect gift failure. Psychol Mark 23(11):885–903

Roster CA, Amann CM. (2003) Consumer strategies for averting negative consequences of failed gift exchanges: is honesty ever the best policy? Adv Consum Res 30:373–374

Ruth JA et al (1999) Gift receipt and the reformulation of inter-personal relationships. J Consum Res 254:385–402

Ruth JA et al (2004) An investigation of the power of emotions in relationship realignment: the gift recipient's perspective. Psychol Mark 21(1):29–52

Sherry JF et al (1992) The disposition of the gift and many unhappy returns. J Retail 68(1):40–65

Taute HA, Sierra JJ (2015) An examination of emotional information management in gift giving and receipt. Psychol Mark 32(2):203–218

Yang AX, Urminsky O (2018) The smile-seeking hypothesis: how immediate affective reactions motivate and reward gift giving. Psychol Sci 29(8):1221–1233

12

Geschenke und Gender: Der Weihnachtsmann ist eine Frau

Die Erforschung von geschlechtsspezifischen Unterschieden im Konsumverhalten hat eine lange Tradition. Der Bezug zum Schenken wurde dabei zunächst nur in seltenen Ausnahmefällen gestreift, gerät aber im Zusammenhang mit der öffentlichen und wissenschaftlichen Diskussion der sozialen Geschlechterrollen seit längerem verstärkt in den Fokus (Fischer und Arnold 1990; Gould und Weil 1991; Rucker et al. 1991, 1994; Otnes et al. 1994; Minowa und Gould 1999; Cleveland et al. 2003; Rugimbana et al. 2003; Mortelmans und Sinardet 2004; Nepomuceno et al. 2016; Minowa et al. 2019).

Ausgangspunkt und wiederholter Fokus vieler Arbeiten ist die relativ allgemeine Beobachtung, **dass Frauen sehr viel stärker als Männer in Geschenkaktivitäten involviert** sind und diesbezüglich weit mehr Verantwortung tragen. Sie verwenden sehr viel mehr Zeit für die Suche, die Besorgung oder Erstellung

© Der/die Autor(en), exklusiv lizenziert durch Springer-Verlag GmbH, DE, ein Teil von Springer Nature 2021
B. Stauss, *Das perfekte Geschenk*,
https://doi.org/10.1007/978-3-662-63620-6_12

von Geschenken, sie kaufen und machen auch mehr Geschenke als Männer (McGrath 1995; Komter und Vollebergh 1997; Mortelmans und Sinardet 2004). Überreicht ein (Ehe-)Paar bei Anlässen wie Geburtstagen oder Weihnachten zusammen ein Geschenk an Freunde oder Familienangehörige, wird oft die Fiktion einer gemeinsamen Geber-Aktivität geschaffen, obwohl faktisch in vielen Fällen allein die Frau die Arbeiten der Auswahl, Beschaffung und Verpackung übernommen hat (McGrath 1995). In solchen Situationen wird dem Mann ein Geschenk zugeschrieben, das er vielleicht nicht einmal gesehen hat, bevor der Empfänger es auspackt.

Die überragende Rolle von Frauen bei der Geschenkarbeit wird insbesondere zu Weihnachten deutlich. Caplows (1982, S. 162) frühes Statement, dass Weihnachtseinkäufe „work of women" sind, wird von vielen Forschern in der Folge bestätigt. Danach machen sich Frauen früher Gedanken um passende Geschenke und beginnen auch eher im Kalenderjahr mit dem Einkauf. Sie sorgen dafür, dass alle bedacht werden und übernehmen den Großteil der rituellen und vorbereitenden Aktivitäten wie Dekorieren und Verschicken (Cheal 1987, 1988; Fischer und Arnold 1990). Dies gilt nicht allein für die USA, für die die meisten empirischen Studien vorliegen, sondern für viele Länder der westlichen Kultursphäre mit christlich geprägten Weihnachtsbräuchen. Das Symbol des kommerzialisierten Weihnachtsfestes ist „Santa Claus", ein alter Mann mit weißem Bart, der sich seit langem gegenüber alternativen Projektionen für Geschenkhoffnungen – wie dem Christkind – durchgesetzt hat (Stauss 2008). Seine Arbeit machen allerdings Frauen. Kein Wunder, dass Sinardet und Mortelmans (2009) von der weiblichen Seite des Weihnachtsmannes sprechen („The feminine side to Santa Claus").

Dass Geschenkaktivitäten, insbesondere zu Weihnachten, und insgesamt das Weihnachtsfest vor allem Frauensache ist, erscheint auch in der belletristischen Literatur unzweifelhaft. Zwei kurze Textpassagen aus den modernen Weihnachtserzählungen von Gabriele Wohmann zeigen dies beispielhaft, wobei die Frauen ihre Rolle durchaus in unterschiedlicher Weise wahrnehmen. Auch lässt die Autorin offen, ob die Frauen aus eigenem Antrieb handeln mit dem Willen, ein von ihnen geschätztes Ritual zu bewahren, oder ob sie es für ihre Männer tun, die auf ihre Traditionen nicht verzichten wollen bzw. können. In der weihnachtlichen Kurzgeschichte „Die Idee des Jahres" sind sich die unterhaltenden Männer einig, dass ihre Frauen für die von ihnen positiv bewertete Arbeitsteilung selbst schuld sind. In einer zweiten Erzählung „Weihnachten wird diesmal richtig schön", zeigt sich, dass die männlichen Mitglieder der Familie selbst bei Ausfall der mütterlichen Weihnachtsarbeitskraft keineswegs diese Arbeit übernehmen und unter dem Wegfall der Weihnachtsstimmung nicht unbedingt leiden.

Gabriele Wohmann: Die Idee des Jahres

In einem Gespräch unter Männern über Weihnachten sagt Peter zu Frank: *Unsere besseren Hälften erledigen doch den ganzen Schamott, alles, was Arbeit ist an Weihnachten, machen die Frauen, oder nicht? Frankie gab ihm recht, und während Peter ein Loblied auf die gute alte Weltordnung der ehelichen Arbeitsteilung sang, garniert mit dem Spott für die männliche junge Generation, die sich von den Frauen unterbuttern ließ, überlegte er, ob nicht ausgerechnet Irenas patente fidele Weihnachtsschufterei (gewiss sie stöhnte auch drüber, aber das rüttelte nicht an den Grundfesten der Rituale), ja ob nicht das aktive Einverständnis Irenas als Kontrast zu seiner Unlust sein Festproblem verdoppelte...*

und er sagt zu Peter: *Bei uns ists doppelt und dreifach gerecht, dass nicht ich es bin, der die Scherereien mit dem Feiertagszauber am Hals hat. Irena besteht drauf, dass alles wie immer sein muss, Baum, Lametta, Kugeln, Festessen, Gebäck und wer weiß was noch an Nervtötern.*

Aus: Gabriele Wohmann. Weihnachten ohne Parfüm. Erzählungen. © Aufbau GmbH & Co. KG, Berlin (2015a).

Gabriele Wohmann: Weihnachten wird diesmal richtig schön

Hier müssen Paul und sein Vater Weihnachten ohne die Mutter verbringen, die im Krankenhaus ist. Sie hatte sich beim Sturz vom Küchentritt beim Dekorieren des Weihnachtsbaums einen Sehnenriss zugezogen, der operiert werden musste.

Paul gefiel die Männerferienwirtschaft, befreit von jeglichem weiblichen Theater. Tagsüber war er oft mit Florian und ein paar anderen zusammen, viel los war nicht, und abends packten er und sein Vater, zwei Partner, sich, wonach sie Lust und was sie bei den Vorräten gefunden hatten, auf große Teller, Paul verzehrte ansehnliche Eisportionen, und später trank er etwas Bier mit; sie saßen in Aussichtsposition, Blickrichtung Mammutbaum, der nur oben links, aber da reichlich überladen, geschmückt war, wodurch er wie ein von einem glitzernden Wurfgeschoss getroffener Verwunderter wirkte. Kerzen hatte die Mutter schon vor dem Unfall verteilt, aber sie zündeten sie lieber nicht an. Das holen wir mit ihr nach, sagte der Vater. Und die Pute, die auch. Wir heben sie für sie auf.

Für die Pute, die sie weder braten wollten noch konnten, fanden sie dann eine andere Lösung:

*… wortlos begruben sie das bleiche, zum Schutz vor der kalten Erde in ein Frottiertuch gewickelte Tier im **Wildnis** genannten Teil des Gartens, der Boden war weich, das einzig Gute daran, dass kein Schnee gefallen war.*

Aus: Gabriele Wohmann. Weihnachten ohne Parfüm. Erzählungen. © Aufbau Verlag GmbH & Co. KG, Berlin (2015b).

Wie ist nun die in Alltagserfahrung, Wissenschaft und Belletristik übereinstimmend beschriebene asymmetrische Verteilung der Weihnachtsvorbereitungs- und Schenkarbeit zu erklären? Üblicherweise wird hierfür auf zwei miteinander verknüpfte Sachverhalte hingewiesen: eine **geschlechtsspezifische Rollenzuweisung und frühkindliche Sozialisation.** Cheal (1987) weist auf die traditionelle familiäre Rollenverteilung und Arbeitsteilung in industriell-kapitalistischen Staaten hin, wo der Frau der Platz in der häuslichen Sphäre des Zusammenlebens zugewiesen und damit auch die Hauptverantwortung für die Familie übertragen wird. Diese Verantwortung kommt auch in dem Wert der Fürsorge zum Ausdruck, der persönlichen Betreuung und Pflege von Kindern und älteren Verwandten, was überwiegend als weiblicher Zuständigkeitsbereich angesehen und abgegrenzt wird gegen eine andersartige Männlichkeit, die im Gegensatz dazu oft durch außerhäusliche berufliche Tätigkeit definiert ist. Zurückzuführen sind s. E. diese Werthaltungen, Einstellungen und Verhaltensweisen auf die kindliche geschlechtsspezifische Sozialisation, in der Kinder schon früh traditionelle Rollenmuster und ‚genderdefinierte' Verhaltensweisen lernen und vor allem den Mädchen die Fürsorge für andere als wichtiger Bestandteil der weiblichen Rolle vermittelt wird.

So plausibel dieser Gedanke ist, so erheben sich doch bereits früh erste Zweifel, ob er eine ausreichende Begründung bietet. Zunehmend wird darauf hingewiesen, dass das beschriebene Gesellschaftsbild immer weniger der Realität entspricht und sich gerade das Rollenverhalten von Männern und Frauen in der Familie stark gewandelt hat. Die außerhäusliche Berufstätigkeit der Frauen ist ebenso zum Normalfall geworden wie eine gleichmäßigere Verteilung der kinder- und haushaltsbezogenen Familienarbeit zwischen Männern und Frauen

(Laroche et al. 2000b). Auch hinsichtlich der Übernahme von Fürsorge- und Pflegetätigkeiten wird ein – wenn auch nicht so gravierender – Wandel in Rollenverständnis und Rollenverhalten festgestellt. So konstatieren Sinardet und Mortelsmans (2009) einen inzwischen nennenswerten Fürsorgebeitrag von Männern, insbesondere von verheirateten Männern, die im Alter ihre Frau pflegen, und von unverheirateten Männern, die die Pflege eines Elternteils übernehmen. Nach der herkömmlichen Erklärung müsste sich der beobachtete Gesellschafts- und Rollenwandel auch im Schenkverhalten, d. h. in einer Abschwächung der genderspezifischen Unterschiede widerspiegeln. Das aber ist kaum feststellbar.

Immerhin weisen die Ergebnisse einer Studie von Fischer und Arnold (1990) insofern auf einen leichten Wandel im geschlechtsspezifischen Schenkverhalten hin, dass sich ein Zusammenhang zum Grad der Einstellung zu traditionellen Geschlechterrollen feststellen lässt. Danach engagieren sich Männer mit einer egalitären Einstellung mehr in weihnachtlichen Schenkaktivitäten als diejenigen, die traditionell eingestellt sind, und Frauen mit egalitären Ansichten (etwas) weniger als traditionell orientierte Frauen. Dennoch bestätigt auch diese Studie wieder, dass Frauen insgesamt viel stärker in die weihnachtlichen Schenkaktivitäten involviert sind und dies auch als ernstzunehmende Aufgabe verstehen und akzeptieren, während Männer viel weniger an diesen Handlungen beteiligt sind und sie auch eher auf die leichte Schulter nehmen.

Ein Jahrzehnt später und somit auch nach weiteren zehn Jahren der gesellschaftlichen Veränderung untersuchen Laroche et al. (2000b) und Cleveland et al. (2003) die Hypothese, dass sich mit der zunehmenden Berufstätigkeit von Frauen die Unterschiede im Schenkverhalten nivellieren. Insbesondere überprüfen sie die Vermutung, dass sich Frauen mehr der männlichen

Verhaltensweise annähern und vor allem weniger Zeit für Informationssuche und Shopping aufwenden. Hypothese und Vermutung finden allerdings in ihren Studien zum Informationsverhalten von Frauen und Männern bei Weihnachtseinkäufen keine Bestätigung. Im Gegenteil, die Studie bestätigt die Existenz erheblicher Genderunterschiede bei der Informationssuche am Einkaufsort. Frauen sind sehr viel intensiver auf der Suche nach Informationen und nutzen weit stärker die verfügbaren Informationsquellen im Laden. Zudem beginnen sie ihre Weihnachtseinkäufe viel früher, kaufen mehr Geschenke ein und machen mehr Einkaufstrips. Demgegenüber wählen Männer einen einfacheren Informationsprozess, beschränken sich bei ihrer Suche auf einen geringeren Anteil von Informationen und machen von den verfügbaren Informationen weniger Gebrauch. Daraus ziehen die Autoren den Schluss, dass Einzelhändler ihre Verkäufer anhalten sollten, männliche Einkäufer relativ bald nach ihrem Eintritt in das Geschäft anzusprechen, aber Frauen mehr Zeit zu geben, bevor man ihnen Unterstützung oder Hilfe anbietet.

Eine groß angelegte Studie von Sinardet und Mortelsmans (2009) zur Schenkkultur in Belgien, die wiederum etwa ein Jahrzehnt später veröffentlicht wird, zeigt ebenfalls eine Variante des bekannten Bildes. Trotz aller gesellschaftlichen Veränderungen bestehen weiterhin wesentliche geschlechtsspezifische Unterschiede. Frauen bleiben hauptverantwortlich für die Auswahl und die Beschaffung der Geschenke. Sie investieren mehr Zeit in diese Aktivitäten, auch weil es ihnen viel wichtiger ist, ein Geschenk zu finden, das perfekt zum Empfänger passt. Zudem sind sie mit ihrer Rolle durchaus zufrieden, wobei diese Ergebnisse völlig unabhängig von den situativen Lebensumständen der Frauen oder deren Bildungsstand bzw. Einkommen sind.

Damit stellt sich umso stärker die Frage, warum die Asymmetrie des Schenkverhaltens trotz der gesellschaftlichen Veränderungen in den Lebensumständen und im Rollenverständnis weitgehend Bestand hat. Einen Ansatz für die Beantwortung dieser Frage bietet ein Sachverhalt, der nicht unabhängig von geschlechtsspezifischer Rollenzuweisung und frühkindliche Sozialisation gesehen werden kann, aber doch einen speziellen Aspekt in den Fokus rückt: die „Verwandtschaftspflege" oder „**Verwandtschaftsarbeit**" („kin keeping") (Di Leonardo 1987; Fischer und Arnold 1990). Es sind in der Regel die Frauen, welche die haushaltsübergreifenden Verwandtschaftsbeziehungen pflegen und sich darum bemühen, dass Familienmitglieder in Kontakt bleiben. Sie verabreden Besuche, halten mit Briefen, Karten und Mails Kontakt und sorgen auch mit Geschenken dafür, dass die familiären sozialen Beziehungen erhalten bleiben und gestärkt werden. Auf diese Weise sind sie damit zugleich verantwortliche Managerinnen und Ausführende dieser Verwandtschaftsarbeit. Und es scheint so, dass es diese fast unsichtbare Arbeit ist, die bei allem sonst sichtbaren Rollenwandel dafür sorgt, dass beim Schenkverhalten die herkömmliche Rollenverteilung eine so hohe Stabilität aufweist und offenbar auch von damit zufriedenen Frauen nicht in Frage gestellt wird (Mortelmans und Damen 2001; Sinardet und Mortelmans 2009). Dazu kommt, dass der Begriff der Verwandtschaftsarbeit den Tatbestand nur unzureichend benennt, denn in vielen Fällen beschränkt sich die Beziehungspflege nicht auf die Verwandtschaft, sondern bezieht einen weit größeren Freundes- und Bekanntenkreis ein. Dabei zeigt sich im Übrigen auch, dass Frauen besonders intensiv die Beziehungen zu ihren Freundinnen pflegen und sie diesen mehr Geschenke machen als Männer ihren Freunden. Diese Beobachtung lässt sich nach Cheal (1987) nicht auf familienbezogene Rollenmuster zurückführen und nährt die Vermutung, dass es genderspezifische Perspektiven auf Beziehungen gibt, die trotz gesellschaftlicher Veränderungen überdauern.

Forschungsergebnisse zu genderspezifischen Differenzen im Schenkverhalten liegen nicht nur zum Umfang der Beteiligung und des Engagements vor, sondern zu einer Vielzahl von Detailaspekten. Im Folgenden werden ausgewählte Erkenntnisse zu Unterschieden präsentiert im Hinblick auf die grundsätzliche Einstellung zum Schenken, besondere Geschenkerlebnisse, die im Gedächtnis behalten werden, Vorstellungen, was unter ‚guten Männer- bzw. Frauengeschenken‘ zu verstehen ist, und Reaktionen auf ‚schlechte‘ Geschenke. Zusätzlich werden Ergebnisse aus Studien vorgestellt, die untersuchen, inwieweit unternehmerische Werbemaßnahmen zu Geschenkanlässen Gender-Stereotype bestätigen und verstärken.

Offenbar haben Männer und Frauen grundsätzlich unterschiedliche **Einstellungen zum Schenken.** Während bei Frauen eine positive Einstellung klar überwiegt, haben Männer generell eine negativere Einstellung. Bei ihnen wird Schenken viel öfter mit Begriffen wie ‚stressig‘ oder ‚eine Verpflichtung‘ verbunden (Fischer und Arnold 1990; Wolfinbarger und Gilly 1991). Diese Einstellungsunterschiede zeigt auch eine projektive Studie von McGrath (1995), in der die Probanden gebeten werden, phantasievolle Geschichten über das Schenken zu schreiben. Männer erzählen mehr negative und unangenehme Geschichten als Frauen. Dieses Ergebnis könnte, so die Erklärung der Forscherin, damit zusammenhängen, dass Männer Ressentiments empfinden, sich an einer Arbeit zu beteiligen, für die nach kulturellen Normen Frauen zuständig sind, sodass Schenkaktivitäten für sie eher bedrohlichen Charakter haben.

Erhebliche genderspezifische Unterschiede zeigt auch die Studie von Areni et al. (1998), in der männliche und weibliche Teilnehmer gebeten werden, die Erfahrungen mit Geschenken zu schildern, die ihnen am **stärksten im Gedächtnis verhaftet** geblieben sind. Frauen nennen überwiegend Erlebnisse in ihrer Rolle als Empfänger, Männer als Geber. Dementsprechend unterscheiden sich auch die Gründe stark, warum sie die Geschenke für so erinnerungswürdig ansehen. Während sich Frauen vor allem an Geschenke erinnern, die sich durch besonderes Einfühlungsvermögen des Gebers auszeichnen, schildern Männer vornehmlich ihre eigene exakte Planung, die Hilfe, die sie mit dem Geschenk leisteten, und das Opfer, das sie erbrachten. Da Frauen wesentlich stärker in Schenkprozesse involviert sind, viel mehr schenken und die von den Männern genannten Gründe normalerweise eher den Frauen zugeordnet werden, scheinen die Ergebnisse zu überraschen. Doch die Autoren führen die Ergebnisse plausibel auf die eingesetzte Methode zurück. In dem verwendeten methodischen Ansatz der Kritischen Ereignisse (Critical Incident Technique) wird nicht nach den typischen, alltäglichen Erfahrungen, sondern nach dem besonderen, dem außergewöhnlichen Erleben gefragt. Demnach kann man das Ergebnis so interpretieren, dass für Frauen der Empfang eines besonders sorgfältigen und empathisch gewählten Geschenks die Ausnahme darstellt und für Männer ihr großer Einsatz in Bezug auf sorgfältige Planung, Hilfe und Opfer.

Besonders deutlich kommen geschlechtsspezifische Unterschiede in dem Tatbestand zum Ausdruck, dass es offenbar unterschiedliche **typische Geschenke für Männer und Frauen** gibt. Rucker et al. (1991) fanden in ihrer explorativen Studie heraus, dass Menschen klare unterschiedliche Einschätzungen darüber vornehmen was ‚gute Männergeschenke' und ‚gute Frauengeschenke' ausmacht.

So besteht weitgehend Einigkeit darüber, dass eine Rose als passendes Geschenk für eine Frau anzusehen ist, nicht aber für einen Mann. Für solche Einschätzungen brauchte man nicht zwingend eine wissenschaftliche Studie, aber oft sind es eigentlich bekannte Sachverhalte, die erst durch die Lektüre in einem anderen, z. B. wissenschaftlichen Kontext als bekannt wahrgenommen werden. Und man wird sensibilisiert, in welchem Ausmaß diese genderspezifischen Unterschiede selbstverständlich gelten. So spricht es für sich, dass das Feuilleton der Frankfurter Allgemeinen Zeitung eine Opern-Inszenierung als „voll ausgelebte Emanzipation" beschreibt, die ihren Höhepunkt in dem offenbar als Tabu-bruch empfundenen Regieeinfall mit folgender Überschrift feiert: „Es kann ja auch mal eine Frau dem Mann eine Rose schenken" (Felber 2021).

Interessanterweise kommt es aber auch vor, dass Männer und Frauen die typischen ‚guten Geschenke' abweichend bewerten. So stellt sich in einer Studie heraus, dass Männer einige Geschenke für Frauen positiver einschätzen als die Frauen selbst. Das gilt hier für Süßigkeiten, die Männer als erwünschtes ‚Symbol der Süße' (Rucker 1991, S. 247) ansehen, während Frauen sie oft als unpersönliche Dickmacher einordnen. Dem-entsprechend präsentieren die Autoren ihre Forschungs-ergebnisse in einem Beitrag, der den Untertitel „When the Sweet don't want sweets" (‚Wenn die Süße nichts Süßes will') trägt. Männer erweisen sich in solchen Fällen als wenig einfühlsam in Bezug auf die Wünsche der Frauen; und da sie zugleich recht sicher zu wissen glauben, was Frauen wollen, sprechen die Autoren von einem ‚doppelten Risiko', dass sie ein unpassendes Geschenk machen (Rucker et al. 1991, S. 247).

Männer und Frauen scheinen auch unterschiedlich auf **schlechte Geschenke zu reagieren**. In den Studien von Dunn et al. (2008) hat es unmittelbar negative

Konsequenzen für die Beziehung, wenn Männer ein vermeintlich schlechtes Geschenk erhalten. Die wahrgenommene Ähnlichkeit mit ihren Freundinnen nimmt ab, und sie äußern sich pessimistisch über die Zukunftsaussichten der Beziehung. Solche Folgen treten nicht ein, wenn Frauen missglückte Geschenke bekommen. Sie behalten auch in diesem Fall ihre positive Zukunftsperspektive für die Beziehung aufrecht. Für dieses Ergebnis bieten die Autoren als Erklärung an, dass Frauen stärker bestimmte psychologische Abwehrmechanismen aktivieren, um eine Bedrohung der Beziehung zu vermeiden. Alternativ weisen sie auf die Möglichkeit hin, dass Frauen einfach nachsichtiger als Männer sind. Inwieweit diese Vermutungen zutreffen, muss dahingestellt bleiben. In jedem Fall aber scheinen Frauen die Beziehung stärker gegen Geschenkeschocks abzuschirmen als Männer – ein Ergebnis, das Männer wohl mit einem Seufzer der Erleichterung zur Kenntnis nehmen dürften (Gupta und Gentry 2019, S. 72).

Einige Forschungsarbeiten befassen sich mit genderspezifischen Unterschieden bei bestimmten Schenk-Anlässen und der Frage, inwieweit die **unternehmerische Werbung dabei Gender-Stereotype fördert**. Close und Zinkhan (2006) untersuchen die Schenkrituale am Valentinstag in den USA und stellen fest, dass hier klare Unterschiede zwischen den Angehörigen der beiden Geschlechter bestehen und die Marktkommunikation eindeutig die Geschlechterrollen bestärkt. Mehr Frauen als Männer erwarten (mindestens) ein Geschenk zum Valentinstag, und die Werbung fördert dies, indem sie nahelegt, bei diesem Tag gehe es vor allem darum, Frauen zu beschenken, zu verwöhnen und Zuneigung zu zeigen. Die Botschaft an die Männer lautet somit: Kauft, kauft genug, um eure Liebe zu zeigen. In der werblichen Darstellung, in den Schaufenstern und Auslagen für Valentinstag-Geschenke dominieren Produkte für Frauen, die Männer schenken können und als nonverbale Kommunikation ihrer Liebe nutzen sollen. Gerade wenn luxuriöse Geschenke beworben und gezeigt werden, sind fast ausschließlich Männer angesprochen. Wer hat schon einmal gesehen, dass eine Frau aufgefordert wird, ihren Liebsten am Valentinstag mit einem Diamantring zu überraschen?

Minowa et al. (2011) untersuchen Verständnis und Praxis des Valentinstags in Japan auf der Grundlage von werblichen Texten und Abbildungen in Printmedien über einen Zeitraum von fünfzig Jahren. Dieser Tag ist in Japan ein Geschenktag, der durch besondere Asymmetrie geprägt ist, da an diesem Tag nur Frauen den Männern Geschenke machen – vor allem Schokolade –, aber nicht umgekehrt. Dabei zeigt es sich, dass sich dieser Tag mehr und mehr von einer einfachen Gelegenheit, seine Zuneigung zu zeigen und eine Beziehung zu stärken, verändert hat in Richtung zu einem Ritus, der die Gender-Identität von Frauen stärkt.

In einer späteren Studie legen Minowa et al. (2019) den Fokus auf genderspezifische Rituale des Schenkens anlässlich des „White Day" in Japan. Der White Day ist ein kommerziell konstruierter Feiertag, der seit den 80er Jahren gefeiert wird. Er ist auf den 14. März festgelegt und dient dazu, dass sich Männer, die am 14. Februar, dem Valentinstag, Geschenke von Frauen erhalten haben, sich mit einem Gegengeschenk revanchieren, das in der Regel größer ausfällt. Die Analyse zeigt, dass dieser Tag von der werbenden Wirtschaft medial dazu genutzt wird, durch die Art der empfohlenen und präsentierten Geschenke herkömmliche Erwartungen an die männliche Geschlechterrolle zu bekräftigen. Damit dient das Schenken am White Day wesentlich dazu, traditionell typische männliche Verhaltensweisen und maskuline Identitäten aufrechtzuerhalten und Veränderungen der geschlechtsspezifischen Rollen- und Machtverhältnisse abzuwehren.

Insgesamt zeigt es sich, dass sich der seit langem anhaltende gesellschaftliche Rollenwandel nur in vergleichsweise geringem Maße auf das Schenkverhalten der Geschlechter ausgewirkt hat. Solange fest verankerte und kaum bewusste Aufgabenzuweisungen – wie die Verwandtschaftsarbeit an Frauen – bestehen, die von diesen auch überwiegend nicht als Belastung, sondern als befriedigend wahrgenommen werden, und solange traditionelle Rollenmodelle auch die öffentliche Geschenkkommunikation beherrschen, solange werden sich die ‚kleinen Unterschiede' weiterhin in ziemlich großen Unterschieden beim Schenken widerspiegeln.

Literatur

Areni CS et al (1998) Is it better to give than to receive? Exploring gender differences in the meaning of memorable gifts. Psychol Mark 15(1):81–109

Caplow T (1982) Christmas gifts and kin networks. Am Sociol Rev 47(3):383–392

Cheal D (1987) Showing them you love them: gift giving and the dialectic of intimacy. Sociol Rev 35(1):150–169

Cheal D (1988) The gift economy. Routledge, London

Cleveland M et al (2003) Information search patterns for gift purchases: a cross-national examination of gender differences. J Consum Behav 3(1):20–47

Close A, Zinkhan G (2006) A holiday loved and loathed: a consumer perspective of Valentine's day. Adv Consum Res 33:356–365

Di Leonardo M (1987) The female world of cards and holidays: women, families, and the work of kinship. Signs 12(3):440–453

Dunn EW et al (2008) The gift of similarity: how good and bad gifts influence relationships. Soc Cogn 26(4):469–481

Felber G (2021) Es kann ja auch mal die Frau dem Mann eine Rose schenken. FAZ vom 16.03. 2021. https://www.faz.net/aktuell/feuilleton/buehne-und-konzert/francesca-da-rimini-an-der-deutschen-oper-berlin-17246546.html. Zugegriffen: 18. März 2021

Fischer E, Arnold SJ (1990) More than a labor of love: gender roles and Christmas gift shopping. J Consum Res 17(3):333–345

Gould SJ, Weil CE (1991) Gift-giving roles and gender self-concepts. Sex Roles 24(9/10):617–637

Gupta A, Gentry JW (2019) If you love me, surprise me. In: Minowa Y, Belk RW (Hrsg) Gifts, romance, and consumer culture. Routledge, New York, S 65–79

Komter A, Vollebergh W (1997) Gift giving and the emotional significance of family and friends. J Marriage Fam 59(3):747–757

Laroche M et al (2000b) Gender differences in information search strategies for a Christmas gift. J Consum Mark 17(6):500–524

McGrath MA (1995) Gender differences in gift exchanges: new directions from projections. Psychol Mark 12(5):371–393

Minowa Y, Gould SJ (1999) Love my gift, love me or is it love me, love my gift: a study of the cultural construction of love and gift-giving among Japanese couples. Adv in Consum Res 26:119–124

Minowa Y et al (2011) Social change and gendered gift-giving rituals: a historical analysis of Valentine's day in Japan. J Macromark 31(1):44–56

Minowa Y et al (2019) Practicing masculinity and reciprocation in gendered gift-giving rituals. In: Minowa Y, Belk RW (Hrsg) Gifts, romance, and consumer culture. Routledge, New York, S 101–125

Mortelmans D, Damen S (2001) Attitudes on commercialisation and anti-commercial reactions on gift giving occasions in Belgium. J Consum Behav 1(2):156–173

Mortelmans D, Sinardet D (2004) The role of gender in gift buying in Belgium. J Fam Consum Sci 96(2):34–39

Nepomuceno M et al (2016) Testosterone & gift-giving: mating confidence moderates the association between digit ratios (2D: 4D and rel2) and erotic gift-giving. Pers Individ Diff 91(4):27–30

Otnes C et al (1994) The pleasure and pain of being close: men's mixed feelings about participation in Valentine's day gift exchang. Adv Consum Res 21:159–164

Rucker M et al (1991) Gender stereotypes and gift failures: when the sweet don't want sweets. GCB - Gend Consum Behav 1:244–252

Rucker M et al (1994) A toast for the host? The male perspective on gifts that say thank you. Adv Consum Res 21:165–168

Rugimbana R et al (2003) The role of social power relations in gift giving on Valentine's day. J Consum Behav 3(1):63–73

Sinardet D, Mortelmans D (2009) The feminine side to Santa Claus. Women's work of kinship in contemporary gift-giving relations. Soc Sci J 46(1):124–142

Stauss B (2008) Starke Marke – Dienstleistung. Santa Claus, Christkind und Sankt Nikolaus stehen im Wettbewerb. Der Weihnachtsmann hat als Geschenkebringer die Nase vorn. Rheinischer Merkur – Christ und Welt 49:25

Wohmann G (2015a) Die Idee des Jahres In: dies.: Weihnachten ohne Parfüm – Erzählungen. Aufbau Verlag, Berlin, S 156–164

Wohmann G (2015b) Weihnachten wird diesmal richtig schön". In: dies.: Weihnachten ohne Parfüm – Erzählungen. Aufbau Verlag, Berlin, S 26–40

Wolfinbarger MF, Gilly MC (1991) The relationship of gender to gift-giving attitudes (or are men insensitive clods?). GCB – Gend Consum Behav 1:223–233

13

Geschenke und Kultur: Was gilt global und was regional?

Schenken ist ein kultur- und zeitübergreifendes Phänomen, also ein Austauschritual, das man in allen Kulturen und allen historischen Epochen kennt. Das machen schon die wegweisenden ethnographischen Forschungen zum Schenken in frühzeitlichen Kulturen deutlich, beispielsweise die Untersuchungen von Mauss (2013 [1923/1924]) und Malinowski (2001 [1922]) bei archaischen Völkern auf den pazifischen Inselgruppen Melanesien und Polynesien oder bei den indigenen Völker-Stämmen in Nordwestamerika. Solche ethno-graphischen Studien haben wesentlich dazu beigetragen, grundsätzliche **allgemeine Prinzipien** zu identifizieren, wie vor allem die Prinzipien des Gebens, Annehmens und der Reziprozität. Sie zeigen aber auch **spezifische Ausprägungen** auf, die zum Teil extremen Charakter haben. Beispielhaft sei hier auf den Potlatch hin-gewiesen, ein rituelles Geschenkefest (vor allem) nordwest-amerikanischer indigener Völkerstämme. Bei diesem Fest

© Der/die Autor(en), exklusiv lizenziert durch Springer-Verlag GmbH, DE, ein Teil von Springer Nature 2021
B. Stauss, *Das perfekte Geschenk*,
https://doi.org/10.1007/978-3-662-63620-6_13

kann ein Geber seine gesellschaftliche Position und den Rang seiner Abstimmungslinie um so mehr erhalten und erhöhen, je wertvoller und erlesener seine Geschenke sind. In dem sich daraus ergebender Wettbewerb beschenken sich konkurrierende Clans so verschwenderisch, bis einer die erhaltene Gabe nicht mehr übertreffen kann. Dieses System des Schenkens und der Wertvernichtung kann schwerwiegende soziale und ökonomische Folgen haben. So wurden mit zunehmendem Abhalten des Potlatschs Gruppen in Armut und Ruin getrieben, was dazu führte, dass diese Feste gegen Ende des 19. Jahrhunderts in Kanada und den USA verboten wurden, ein Verbot, das bis Mitte des 20. Jahrhunderts Geltung behielt.

Das Spannungsfeld zwischen kulturübergreifend geltenden Prinzipien und Funktionen des Schenkens einerseits und regionalen Ausprägungen und Regeln des Schenkverhaltens andererseits besteht in veränderter Form weiter und hat im Zuge der Entwicklung zu einer weitgehend globalisierten Weltwirtschaft verstärkte Aufmerksamkeit in der Forschung gefunden. Mit der enorm gewachsenen internationalen wirtschaftlichen Zusammenarbeit steigt auch die Zahl interkultureller Kontakte massiv an. Diese werden zwar durch internationale Annäherungen von Lebens- und Konsumgewohnheiten erleichtert, doch es bleiben kulturelle Unterschiede in dem Sinne, dass für Personen aus verschiedenen Kulturkreisen auch weiterhin unterschiedliche Verhaltensregeln und -muster gelten. Dementsprechend steigt der Bedarf an Wissen über Werte, Normen und Lebensgewohnheiten anderer Kulturen, um sich in den interkulturellen beruflichen, aber auch privaten Kontakten adäquat verhalten zu können.

Im wirtschaftspraktischen unternehmerischen Kontext hat dieser Bedarf an Wissen zu einem Boom an Werken zum **interkulturellen Management** geführt. In ihnen werden nicht allein Themen der innerbetrieblichen interkulturellen Zusammenarbeit wie Führung, Organisationsentwicklung oder Teamarbeit behandelt, sondern auch Informationen zu kulturellen Besonderheiten vermittelt, die bei privaten und alltäglichen Situationen zu beachten sind: Begrüßungs- und Verabschiedungsrituale, Kleidungsnormen, Formen der verbalen und nonverbalen Kommunikation – und Regeln für das Geben und Empfangen von Geschenken. In ihrem ‚Praxishandbuch Interkulturelles Management' beschreiben beispielsweise Haller und Nägele (2013) Erfahrungen und Fallbeispiele zu Gastgeschenken in Russland, China, der arabischen Welt und Japan. Das klassische Handbuch für international agierende US-Manager mit dem bezeichnenden Titel „Kiss, bow, or shake hands" und beworben als „Passport to International Business Etiquette" enthält Tipps für richtiges Verhalten in 61 Ländern (plus Hongkong). Und obwohl für jedes Land nur wenige Seiten zur Verfügung stehen, auf denen u. a. Informationen zum historischen und politischen Hintergrund, zu Wertsystemen, Unternehmenspraktiken und üblichen Verhandlungsstilen gegeben werden, enthält jedes Kapitel auch einen Abschnitt zu Umgangsformen, in dem neben Aspekten wie Begrüßungsritualen, Körpersprache oder Dresscode jeweils das Thema „Geschenke" in einem eigenen Unterkapitel behandelt wird (Morrisson und Conaway 2006). Hier erfährt man beispielsweise Details zu

- Farben: u. a. kein schwarz oder violett, die Trauer symbolisieren (Brasilien),
- Blumenarten: u. a. keine Chrysanthemen (Belgien) oder weiße Lilien (UK), die für Tod stehen; keine roten Rosen, die den Liebenden vorbehalten sind (Deutschland),

- Blumen, Anzahl: u. a. ungerade Zahl, keine 13 (Tschechien),
- Blumen, Übergabe: vorher zuschicken (Portugal), Papier eines Blumenstraußes vor Übergabe entfernen (Schweden),
- Religionszugehörigkeit des Empfängers: koshere (Israel) bzw. halal Lebensmittel (muslimische Länder), keine Lederprodukte (an Hindus),
- Übergaberitus: mit beiden Händen geben und empfangen (China), mit der rechten Hand (Ägypten, Israel),
- Zeitpunkt der Öffnung der Verpackung: sofort nach Erhalt (Chile), nicht in Gegenwart des Gebers (Indien, Singapur).

Aber das sind nur grobe Hinweise. Für eine genaue Einsicht in Bedeutung und Art der jeweiligen Schenkkultur sind weitere Quellen heranzuziehen. Diese informieren etwa für Japan über den religiösen Ursprung und die Ziele des Schenkens, die ca. 50 verschiedenen Schenkanlässe, das Reziprozitätsprinzip ‚Giri', die traditionell beliebten Geschenke zu bestimmten Anlässen (am Valentinstag erhalten nur Männer Geschenke – meist Schokolade) oder die Notwendigkeit einer besonders sorgfältigen und schönen Verpackung in kostbaren Tüchern oder edlem Papier in der richtigen Farbe, wobei insbesondere schwarz und weiß vermieden werden sollten (Grinko 2021).

Mit Hilfe solcher Art Informationen kann man die Gefahr reduzieren, dass Geschenke in interkulturellen Kontakten misslingen. Allerdings ist zumindest beim erstmaligen Fehlverhalten noch mit einem hohen Maß an Verzeihen zu rechnen. Erkenntnisse über internationale Service-Begegnungen zeigen, dass Verletzungen kultureller Normen im persönlichen Kontakt nicht zwingend zu „Kulturschocks" mit negativen Folgewirkungen führen, solange der Vorfall auf Unkenntnis der kulturellen Gepflogenheiten zurückgeführt wird. Wenn man aber davon ausgeht, dass der Betreffende die Norm kennt oder kennen müsste, gibt es keine entsprechende Entschuldigung mehr, und der Partner reagiert (in der Regel innerlich) nicht mit Verzeihung, sondern mit Vorwurf (Stauss und Mang 1999; Stauss 2016).

In den management-orientierten Büchern und Medien dominieren detaillierte Beschreibungen kulturell geprägter Schenkrituale und -normen in einzelnen Ländern, meist verbunden mit Empfehlungen zu ihrer respektvollen Beachtung. Dagegen befasst sich die psychologische Forschung vertieft mit der Untersuchung von grundlegenden Gemeinsamkeiten und Unterschieden im Schenkverhalten verschiedener **Kulturkreise**. Dabei werden vor allem Vergleiche zwischen den Einstellungen, Regeln und Praktiken in westlichen und ostasiatischen Ländern angestellt.

Diese Gegenüberstellung erfolgt auf der Basis der bahnbrechenden Arbeiten von Hofstede und Hall, in denen eine besonders große kulturelle Distanz zwischen diesen beiden Kulturkreisen diagnostiziert wird. **Hofstede** (1980) typologisiert Länderkulturen anhand der Dimensionen ,Machtdistanz', ,Individualismus', ,Maskulinität' und ,Unsicherheitsvermeidung'. Westliche Länder lassen sich charakterisieren durch geringe Machtdistanz (Norm der Gleichverteilung von Macht und gleichberechtigte Sozialbeziehungen), Individualismus (Vorrang der eigenen Persönlichkeit), geringe Maskulinität (weniger eindeutig festgelegte Geschlechterrollen) und geringe Unsicherheitsvermeidung (Ermutigung zur Übernahme von Risiken und pragmatischer Umgang mit Regeln). Demgegenüber sind für östliche Kulturen folgende Dimensionen charakteristisch: hohe Machtdistanz (Akzeptanz der Ungleichverteilung von Macht und damit verbundenen

Hierarchien), Kollektivismus (hohes Maß an Gruppen-
integration), hohe Maskulinität (eindeutige und unterschiedliche Zuweisung von Geschlechterrollen) sowie
Unsicherheitsvermeidung (Wahrnehmung von unsicheren
Situationen als bedrohlich).

Hall (1976) hat vor allem die Unterscheidung von
„High-Context"- und „Low-Context"-Kulturen in die
Diskussion eingebracht, wobei primär auf die Art der
Kommunikation abgestellt wird. Für High-Context-
Kulturen des Ostens ist es typisch, dass Botschaften mittels
materieller Dinge und non-verbal kommuniziert werden,
während in den Low-Context-Kulturen des Westens die
explizite und spezifizierte verbale Kommunikation üblich
ist.

Diese kulturellen Differenzen haben in Bezug auf
das Schenkverhalten vielfältige Konsequenzen, wobei in
empirischen Vergleichsstudien vor allem auf Hofstedes
Unterscheidung zwischen individualistischen und
kollektivistischen Kulturen und auf Halls Context-Konzept
Bezug genommen wird.

Konsequenzen aus der Zugehörigkeit zu einer
individualistischen oder kollektivistischen Kultur
für das Schenkverhalten ergeben sich vor allem in Hinsicht auf die zugewiesene Bedeutung von Geschenken als
Informationsmedium, die Vorstellungen vom richtigen
bzw. perfekten Geschenk und die Relevanz der Reziprozitätsregel.

Die Zugehörigkeit zu einem individualistischen oder
kollektivistischen Kulturkreis beeinflusst offenbar Entscheidungen über die **Art des Geschenkes**. In westlichen
Ländern neigen Menschen dazu, sich als unabhängige
Individuen zu sehen, sie wollen ihr Geschenk auf die
bestimmte Persönlichkeit des Empfängers ausrichten
und dieses oft zugleich als Medium der Selbstdarstellung
nutzen. Dementsprechend suchen sie nach **differenzierten,**

wenn möglich einzigartigen Geschenken. Demgegenüber bevorzugen Menschen aus dem ostasiatischen Kulturraum **Standardgeschenke**, die ihre Verbundenheit mit den traditionellen Bräuchen in der Gruppe betonen und öffentlich machen (Beichen und Murshed 2015; Chinchanachokchai und Pusaksrikit 2019). Auch in Bezug auf die Wahl zwischen Sachgeschenken und Erlebnisgeschenken zeigt sich der kulturelle Einfluss. **Erlebnisgeschenke** wie ein Restaurantbesuch, Konzertkarten oder Reisen ermöglichen spezifische gemeinsame Erfahrungen, die kaum mit Alternativen verglichen werden können. Sie sind vor allem attraktiv für Menschen aus individualistischen Kulturen, die besondere hedonistische Vergnügen suchen und hoch bewerten. Demgegenüber legen Menschen aus kollektivistischen Kulturen mehr Wert auf **materielle Geschenke**, die einen Wert haben und im Besitz des Empfängers bleiben. Dabei spielen Markennamen und luxuriöse Produkte eine herausragende Rolle, da sie in sozialen Gruppen als sichtbarer Ausweis des gehobenen sozialen Status gelten und daher gesellschaftliche Anerkennung verschaffen (Chinchanachokchai und Pusaksrikit 2019).

Damit deutet sich schon an, dass auch die Vorstellungen vom ‚perfekten Geschenk' differieren. Dessen Definition und Beschreibung von Belk (1996) entstammen dem westlichen Kulturkreis, und wenn auch wesentliche charakteristische Eigenschaften kulturübergreifende Bedeutung haben, so existieren doch kulturkreisspezifische Ausprägungen und Gewichtungen. Das gilt auch für die wichtigsten Dimensionen des symbolischen Werts von Geschenken, Einfühlungsvermögen, Opfer und Mühen sowie Überraschung.

Einfühlungsvermögen und Empfängerorientierung sind auch im ostasiatischen Raum bedeutsam, doch stärker als die Wünsche und Bedürfnisse der Empfänger zählt der

Aspekt der Gesichtswahrung, der in der traditionellen Kultur tief verankert ist und das Schenkverhalten stark beeinflusst (Liu et al. 2010). Ein Geschenk kommuniziert wichtige Informationen über die Identität von Geber und Empfänger, und es muss deshalb ein Geschenk gefunden werden, das in allen Aspekten die Wahrung des Gesichts beider Beteiligten sicherstellt. Das erfordert, dass das Image des Geschenks mit dem Bild übereinstimmt, das der Geber in den Augen anderer von sich erzeugen will (soziales Selbstbild), und mit dem Selbstbild des Empfängers. In ihren Studien mit chinesischen Probanden können Liu et al. (2010) nachweisen, dass die Konsistenz zwischen dem Geschenkimage mit dem sozialen Selbstbild des Gebers dessen Intention, dieses Geschenk zu kaufen, positiv beeinflusst. Und dieser Effekt fällt umso ausgeprägter aus, je mehr die Befragten traditionelle chinesische Werthaltungen teilen. Dazu gehören der Fokus auf zwischenmenschliche, interdependente Beziehungen, das Anstreben eines Gleichgewichts von persönlichen und Gruppeninteressen, die Anerkennung sozialer Hierarchien und die Befolgung bestehender Vorschriften, Normen und Zwänge.

Opfer und Mühen sind in beiden Kulturkreisen ein Merkmal guter Geschenke, aber dieses scheint unterschiedlich interpretiert und gewichtet zu werden. In östlichen Kulturen sind es vor allem die finanziellen Opfer, die zählen, vor allem hohe Ausgaben, die beispielsweise zum Kauf teurer Marken- und Luxusartikel getätigt wurden. Geringere Bedeutung haben dagegen Zeit und Mühen, die für die eigenhändige Erstellung von Geschenken aufgewendet werden. Denn diese eignen sich wesentlich weniger als Statussymbole und lassen sich hinsichtlich des erforderlichen Gegengeschenks finanziell kaum quantifizieren (Rucker et al. 1996).

Starke Unterschiede gibt es auch hinsichtlich der Bewertung von **Überraschungen**. Während Menschen aus dem westlichen Kulturkreis überwiegend der Ansicht sind, ein perfektes Geschenk sollte überraschen, teilen Menschen aus östlichen Kulturen, die auch durch das Streben nach Unsicherheitsvermeidung gekennzeichnet sind, diese Sicht nicht. Für sie ist Vorhersehbarkeit, Gleichgewicht und emotionale Kontrolle wichtig, so dass Überraschungen wenig geschätzt werden (Rucker et al. 1996).

Nicht alle kulturvergleichende Studien bestätigen diese Unterschiede. Minowa und Gould (1999) ermitteln die besonders erinnerungswürdigen Geschenkerlebnisse japanischer Männer und Frauen, und zwar sowohl als Geber als auch als Empfänger. Im Ergebnis stellen sie eine hohe Übereinstimmung der erinnerten Geschenkerlebnisse mit dem westlich geprägten Verständnis vom perfekten Geschenk fest. So wird beispielsweise ein selbstgestrickter Pullover von den Männern als luxuriös im Sinne von nicht austauschbar, als ein Ergebnis des Einsatzes von Zeit und Mühe und als überraschend wahrgenommen. Für dieses abweichende Ergebnis bieten die Autoren folgende Erklärung an: Im Gegensatz zu anderen Studien haben sie sich allein auf Schenkerlebnisse romantischer Paare fokussiert, was den Beteiligten ermöglicht, in privater Sphäre ihre persönlichen Gefühle auszudrücken und von den generellen kulturellen Normen abzuweichen.

In allen Vergleichsstudien wird betont, dass der **Reziprozitätsregel** in der ostasiatischen Kultur eine ganz besondere Bedeutung zukommt. Sie beruht auf traditionellen kulturellen Werten des Konfuzianismus, Buddhismus und Taoismus und ist seit Jahrhunderten integraler Bestandteil der Lebensphilosophie. Dazu gehören beispielsweise das japanische traditionelle Regelsystem

,Giri', das auf der moralischen Verpflichtung zur Gegenleistung beruht, bzw. das chinesische Netzwerk persönlicher Beziehungen ‚Guanxi', das aus einem endlosen Zyklus gegenseitiger Gefallen besteht. Ihnen kommen wichtige soziale Funktionen zu. Sie dienen der Anerkennung und Förderung von Verwandtschafts- und Freundschaftsbeziehungen, der Sicherung von Status und Gesichtswahrung sowie der Konfliktreduzierung. Insofern gilt die Regel einer streng ‚ausbalancierten' Reziprozität – in Bezug auf den finanziellen Wert eines Geschenks, aber auch im Hinblick darauf, zukünftig einen Gefallen schuldig zu sein. Jede Verweigerung einer angemessenen Gegenleistung ist mit Gesichtsverlust und einer Verschlechterung der Beziehung verbunden (Rucker et al. 1996; Yau et al. 1999; D'Sousa 2003; Qian et al. 2007). Da in der asiatischen Kultur sehr viel stärker als im Westen zwischen Eigengruppe („ingroup") und Fremdgruppe („outgroup") unterschieden wird, gilt dies ganz besonders für die regelmäßigen und engeren Beziehungen in der Eigengruppe. Im Verhältnis zu Mitgliedern der Fremdgruppe kann die stark wirkende Reziprozitätsregel auch dazu führen, dass Asiaten kleinere Geschenke von gelegentlichen Bekannten eher zurückweisen, wenn sie keine Möglichkeit sehen, sehr leicht und schnell mit einem Gegengeschenk zu reagieren (Shen et al. 2011).

Ein weiterer Unterschied liegt in der **Bedeutung des Geldes** bzw. des Preises für ein Geschenk. Dies zeigt sehr deutlich eine chinesisch-deutsche Vergleichsstudie (Peng 2016). Die Befragungsergebnisse belegen eindeutig, dass die beteiligten Chinesen in wesentlich größerem Maße Geld und damit auch teurere Geschenke als wichtigen Indikator für die Nähe in der Beziehung ansehen, sodass der Preis und nicht die gute Absicht entscheidend für die Geschenkbewertung durch Geber und Empfänger ist. Das wird auch daran erkennbar, dass die Chinesen weit mehr Auskunft über den Preis des Geschenks machen als Deutsche, um dessen Bedeutung zu unterstreichen. Der größte Unterschied zwischen den Probandengruppen bezieht sich auf die Frage, ob sie – eingeladen zur Geburtstagsfeier – ihrem Chef ein teures Geschenk machen würden, was die Chinesen in weit höherem Maße bejahen als die Deutschen, was auf die stärkere Ausprägung der kulturellen Dimension Machtdistanz mit der Akzeptanz von Hierarchien, aber auch der traditionellen Norm ‚guanxi' der durch Rezprozität charakterisierten Beziehungspflege, erklärt wird.

Während in diesen Arbeiten vor allem die von Hofstede identifizierte Kulturdimension „Individualismus-Kollektivismus" zur Erklärung von Unterschieden im Schenkverhalten herangezogen wird, stellen andere Autoren primär auf die **Differenzierung zwischen „Low-Context" und „High-Context"-Kulturen** ab. In dem starken Einfluss der High-Context-Kultur sieht Hanna (2015) generell den wesentlichen Grund dafür, dass Schenken in Japan einen viel komplexeren Sachverhalt darstellt als in westlichen Ländern. Die eher nonverbale Kommunikation zeigt sich nicht nur im Wert materieller Geschenke, sondern auch in der Bedeutung der Verpackung und den subtilen indirekten Gesten bei der Übergabe. Eine Vergleichsstudie zum Schenken in romantischen Beziehungen mit amerikanischen und chinesischen Teilnehmern unterstreicht Differenzen dieser Art. Beichen und Murshed (2015) untersuchen, wie sich das kulturelle Umfeld darauf auswirkt, ob romantische Liebe mehr verbal oder durch Geschenke zum Ausdruck gebracht wird. Im Ergebnis zeigt es sich, dass die chinesischen Probanden ihre Liebe mehr mit Geschenken, die Amerikaner mehr mit Worten ausdrücken. Die Autoren erklären dieses Ergebnis damit, dass in westlichen Kulturen, in der mehr Wert auf Individualität gelegt wird und Selbstdarstellung vergleichsweise üblich ist, auch die offene verbale Artikulation von Gefühlen selbstverständlich ist. Demgegenüber besteht in den kollektivistischen Kulturen Ostasiens eine ausgeprägte Neigung zu Harmonie und Balance sowie eine vorherrschende Erwartung, die Einhaltung der sozialen Normen durch konkretes Verhalten zu belegen und nicht primär durch Worte. Zudem erfolgt keine Ermutigung, Gefühle öffentlich zu zeigen. Daher werden auch romantische Gefühle weniger verbal als durch Geschenke ausgedrückt, die als konkrete und materielle Symbole der Liebe dienen.

All diese Forschungsergebnisse zeigen, dass der kulturelle Einfluss auf das Schenkverhalten stark und vielfältig ist. Relevanz und Dominanz der kulturellen Prägung lassen sich sogar dort nachweisen, wo die Menschen an Orten mit sehr verschiedenen kulturellen Einflüssen oder auch in einem anderen Kulturkreis leben. Einen solchen Nachweis führt beispielsweise Joy (2001) in seiner Analyse des Schenkverhaltens in Hongkong. In dieser ehemaligen britischen Kronkolonie und jetzigen Sonderverwaltungszone mit starker internationaler Wirtschaftätigkeit sind verschiedene kulturelle Einflüsse wirksam, doch die in der chinesischen Kultur verankerten Werte und Normen spielen eindeutig eine entscheidende Rolle und bestimmen das Schenkverhalten. Rucker et al. (1994) vergleichen in ihren Studien das Verhalten amerikanischer und japanstämmiger Studenten in den USA und diagnostizieren klare Unterschiede, z. B. bei der Auswahl der Geschenke in Übereinstimmung mit der Kultur, mit der sich die Befragten identifizieren. So bevorzugen japanstämmige Studenten Lebensmittel als Geschenk, während die weißen amerikanischen Studenten Alkohol als Geschenk präferieren. Auch die Studie von Aung et al. (2017) unter chinesischen Immigranten in Kanada zeigt, dass zwar partielle Anpassungen erfolgen, beispielsweise an die geltenden Geschenkanlässe (wie Weihnachten, Valentinstag, Vater- und Muttertag), dass aber beim konkreten Schenken wichtige traditionelle kulturelle Werte Einfluss behalten.

Kulturell bedingte Unterschiede im Schenkverhalten zeigen auch Studien, in denen die Probanden aus Kulturen mit sehr viel geringerer kultureller Distanz kommen, als dies in der vorherrschenden West-Ost-Diskussion der Fall ist. Dies zeigt beispielsweise die vergleichende Untersuchung von Laroche et al. (2000a) zum Kauf von Weihnachtsgeschenken unter anglophonen und frankophonen Bewohnern der kanadischen Provinz Quebec, die sich nicht nur durch ihre Sprache, sondern auch durch unterschiedliche Bräuche, Traditionen und religiöse Zugehörigkeit unterscheiden. Denn diese kulturellen Differenzen beeinflussen auch Aspekte des weihnachtlichen Schenkens, insbesondere das Informationsverhalten, da die französischen Kanadier u. a. stärker den Kontakt mit dem Verkaufspersonal suchen als ihre anglophonen Mitbürger.

Trotz ihrer Vielzahl und der weitgehenden Konsistenz der Ergebnisse müssen solche interkulturellen Vergleichsstudien mit Vorsicht interpretiert werden. Denn es ist grundsätzlich problematisch, aus Befragungen mit relativ wenigen Probanden, die zudem oft noch aus einem spezifischen Milieu (Studierende) stammen, Rückschlüsse auf kulturelle Unterschiede zwischen Ländern oder gar länderübergreifenden Kulturkreisen zu treffen. Dies gilt zum einen, weil die jeweiligen betrachteten nationalen Kulturen eines Kulturkreises keineswegs homogen sind – so unterscheiden sich beispielsweise die ostasiatischen Kulturen von China, Japan, Thailand oder Korea erheblich. Zum anderen weisen selbst Kulturen innerhalb eines Landes im Zuge der globalen Wanderungsströme einen zunehmend heterogenen Charakter auf.

Wegen der **zunehmenden kulturellen Diversität** und der Entwicklung von subkulturellen Teilgesellschaften gibt es auch innerstaatlich immer mehr interkulturelle Kontakte in freundschaftlichen Netzwerken, Nachbarschaften und Familien. Und dann stellen sich interkulturelle Fragen des Schenkens auch ‚daheim' und ganz konkret, vor allem, wenn damit zugleich religiöse Aspekte tangiert sind. Viele Muslime, die nun in einem Land mit christlicher Tradition und christlichen Bräuchen leben und gleichzeitig ihrem Glauben entsprechend handeln wollen, stellen sich diese Fragen oder artikulieren sie auf religiös-muslimischen Websites bzw. in den Sozialen Medien: Dürfen Muslime eine Einladung zum Geburtstag annehmen, dürfen sie zu Weihnachten jemandem etwas schenken oder Geschenke annehmen, dürfen sie frohe Weihnachten wünschen oder auch nur einen solchen Gruß erwidern? Auf den einschlägigen Websites mit religiösen Antworten für Muslime werden in der Regel harsche Verbote kommuniziert und entsprechende Verhaltensweisen als Sünden und Verrat an der Religion bezeichnet. Andererseits gibt es auch viele liberale Stimmen, die z. B. Weihnachten weniger religiös und mehr als kulturübergreifendes Fest akzeptieren und gewisse Anpassungen als Ausdruck erwünschter Integration zulassen. Auch wichtige muslimische Verbände in Deutschland wenden sich mit guten Wünschen für besinnliche Weihnachtstage an christliche Gemeinden, Nachbarn und Freunde (Islam 2020). Aber die Situation bleibt für Geber und Empfänger ambivalent, kompliziert, erklärungsbedürftig und unsicher. Das gilt insbesondere für Familien, in denen unterschiedliche kulturelle und/ oder religiöse Hintergründe, Traditionen, Normen und Erwartungen aufs engste miteinander verknüpft sind. Das Schenken in solchen heimatlichen und familiären interkulturellen Konstellationen wird bisher wissenschaftlich vollkommen vernachlässigt. Wie gut, dass die Belletristik für diese Problematik die Augen öffnet.

In dem im 11. Kapitel zitierten Roman „Weihnachten" von Maruan Paschen ist der Erzähler Sohn einer deutschen Mutter und eines palästinensischen Vaters, den er nie kennengelernt hat. Von einem – eigentlich wohlwollenden – Onkel bekommt er einmal zu Weihnachten ein Duden-Wörterbuch für Kanakisch-Deutsch, Deutsch-Kanakisch geschenkt, was alle witzig finden, nur nicht der Empfänger, der Erzähler, der das Buch auf der Rückfahrt mit seiner Mutter im Auto zerreißt. Nachdem seine Mutter dem Onkel mitgeteilt hatte, dass sie mit dem Geschenk nicht einverstanden sind, hat dieser bei nächster Gelegenheit ihm ein Wörterbuch Deutsch-Arabisch, Arabisch-Deutsch geschenkt. Auch dieses Geschenk hat der Beschenkte zerrissen (Paschen 2018).

Der Titel von Sarah Khans Erzählung „Weihnachten mit Hüsniye" bezieht sich eigentlich auf eine von ihr einst geplante, aber nicht geschriebenen Geschichte eines armen türkischen Mädchens, das an der besinnlichen deutschen Weihnacht leidet, weil sie nicht dazu gehören durfte. Das reale Vorbild für diese Geschichte war das Mädchen Hüsniye, das mit ihr in die Schule ging und auf einmal nicht mehr da war, weil ihr Vater sie zurück in die Türkei geschickt hatte. Stattdessen ist in dieser autobiographischen Erzählung viel von der eigenen kindlichen Sehnsucht nach Weihnachten und dem Gefühl, nicht ganz dazuzugehören, enthalten. Sarah Khan ist Tochter einer deutschen Mutter und eines pakistanischen Vaters und wuchs daher in und zwischen verschiedenen Kulturen auf. Nachdem sie die ersten Jahre mit ihren Eltern im großväterlichen Pastorat einer evangelischen Kirche in Hamburg verbracht hatte, lebte sie später nach dem Verlassen der Mutter beim zunächst allein erziehenden Vater, dann zusammen mit der pakistanischen Stiefmutter, die der Vater während einer Geschäftsreise überraschend geheiratet hatte.

Sarah liebte das Weihnachtsfest, das in der toleranten und turbulenten Atmosphäre der Großfamilie mit vielen Onkel und Tanten im evangelischen Pastorat gefeiert wurde, und bedauerte es immer, wenn der Vater, der keine religiös motivierten Verbote aussprach, sich aber bei der Feier nicht wohl fühlte, immer recht schnell zum Aufbruch drängte. In der Großfamilie war Sarah willkommen, und sie erhielt liebevoll – oft von der neuen Frau des Großvaters – ausgesuchte Geschenke. Aber auch gut gemeinte und mit Blick auf die spezifische ‚kulturelle' Situation ausgesuchte Geschenke können misslingen.

Sarah Khan: Weihnachten mit Hüsniye

Für mich gab es immer auch einen Stapel gut gemeinter Jugendbücher, die von afghanischen Mädchen oder indischen Waisen oder türkischen Straßenkindern und ihren Bären handelten. Ich sehe meine Stiefoma direkt vor mir, wie sie in einer Buchhandlung etwas verloren in der Kinderbuchecke steht und von einer Buchhändlerin gestellt wird.

„Suchen Sie etwas Bestimmtes, meine Dame?"

„Äh, haben Sie etwas über Mädchen in Pakistan?"

„Nein, Pakistan leider nicht, aber darf ich Ihnen dieses afghanische Mädchenschicksal, diesen indischen Waisenknaben oder den türkischen Straßenjungen mit seinem Tanzbären empfehlen?"

Sarah Khan: Weihnachten mit Hüsniye, © mikrotext, (2018).

Erkenntnisse zur kulturkreisspezifischen Prägung des Alltagsverhaltens und damit auch des Schenkens sind wichtig für die Entwicklung unseres interkulturellen Verständnisses und die Vermeidung von Missverständnissen in kommerziellen und privaten Begegnungen außerhalb der Grenzen unseres Landes. Aber wichtiger noch sind die Fragen, die sich aus der Entwicklung zu einer vielkulturellen Gesellschaft in unserem engsten Umfeld ergeben. Dazu gehören auch Veränderungen im Brauchtum und im Feiern, an denen möglichst alle teilnehmen können, ohne sich ausgeschlossen oder überwältigt zu fühlen, und wo sie mit kultureller Empathie Geschenke mit Familienangehörigen, Freunden und Nachbarn austauschen. Es ist zu hoffen, dass die Schenkforschung sich zukünftig auch der Beantwortung dieser Fragen widmet.

Literatur

Aung M et al (2017) The evolving gift-giving practices of bicultural consumers. J Consum Mark 34(1):43–52

Beichen L, Murshed F (2015) Culture, expressions of romantic love, and gift-giving. J Int Bus Res 14(1):68–84

Belk RW (1996) The perfect gift. In: Otnes C, Beltramini RF (Hrsg) Gift giving: a research anthology. Bowling Green State University Popular Press, Bowling Green, S 59–85

Chinchanachokchai S, Pusaksrikit T (2019) 5 Characteristics and meanings of good and bad romantic gifts across cultures. A recipient's perspective. In: Minowa Y, Belk RW (Hrsg.) Gifts, romance, and consumer culture. Routledge, New York, S 80–98

D'Souza CD (2003) An inference of gift-giving within Asian business culture. Asia Pac J Mark Logistics 15(1):27–39

Grinko M (2021) Die japanische Geschenkkultur – Geben und Nehmen. https://oryoki.de/blog/japanische-geschenkkultur/. Zugegriffen: 03. März 2021

Hall ET (1976) Beyond culture. Anchor Books, New York

Haller PM, Nägele U (2013) Praxishandbuch Interkulturelles Management. Springer Gabler, Wiesbaden

Hanna N, Srivastava T (2015) Cultural aspects of gift giving: a comparative analysis of the significance of gift giving in the U.S. and Japan. In: Sidin S, Manrai A (Hrsg) Proceedings of the 1997 world marketing congress. Developments in marketing science: proceedings of the academy of marketing science. Springer, Cham, S 283–287

Hofstede G (1980) Culture's consequences: international differences in work-related values. Sage Publications, Beverly Hills

Islam (2020) Islamische Religionsgemeinschaften beglückwünschen zu Weihnachten. https://www.islamiq.de/2020/12/24/islamische-religionsgemeinschaften-beglueckwuenschen-zu-weihnachten/. Zugegriffen: 03. Apr. 2021

Khan S (2018) Weihnachten mit Hüsniye. mikrotext, Berlin

Laroche M et al (2000a) A cross-cultural study of in-store information search strategies for a Christmas gift. J Bus Res 49(2):113–126

Liu S et al (2010) Moderating effect of cultural values on decision making of gift-giving from a perspective of self-congruity theory: an empirical study from Chinese context. J Consum Mark 27(7):604–614

Malinowski B (2001) Argonauten des westlichen Pazifik. Ein Bericht über Unternehmungen und Abenteuer der Eingeborenen in den Inselwelten von Melanesisch-Neuguinea. Klotz, Eschborn bei Frankfurt a. M.

Mauss M (2013) Die Gabe. Form und Funktion des Austauschs in archaischen Gesellschaften, 10. Aufl. Suhrkamp Verlag, Frankfurt a. M.

Minowa Y, Gould SJ (1999) Love my gift, love me or is it love me, love my gift: a study of the cultural construction of love and gift-giving among Japanese couples. Adv Consum Res 26:119–124

Morrisson T, Conaway WA (2006) Kiss, bow, or shake hands, 2. Aufl. Adams, Avon

Paschen M (2018) Weihnachten. MSB Matthes & Seitz, Berlin

Peng M (2016) A Contrastive study of gift-giving between Chinese and Germans. US-China Foreign Lang 14(8):597–604

Qian W et al (2007) Chinese cultural values and gift-giving behavior. J Consum Mark 24(4):214–228

Rucker MH et al (1994) A toast for the host? The male perspective on gifts that say thank you. Adv Consum Res 21:165–168

Rucker MH et al (1996) The role of ethnic identity in gift giving. In: Otnes C, Beltramini RF (Hrsg) Gift giving: a research anthology. Bowling Green State University Popular Press, Bowling Green, S 143–159

Shen H et al (2011) Cross-cultural differences in the refusal to accept a small gift: the differential influence of reciprocity norms on Asians and North Americans. J Pers Soc Psychol 100(2):271–281

Stauss B (2016) Retrospective: „culture shocks" in inter-cultural service encounters? J Serv Mark 30(4):377–383

Stauss B, Mang P (1999) „Culture shocks" in inter-cultural service encounters? J Serv Mark 13(4/5) 329–346

Yau OHM et al (1999) Influence of Chinese cultural values on consumer behaviour. A proposed model of gift-purchasing behaviour in Hong Kong. J Int Consum Mark 11(1):97–116

Das perfekte Geschenk – Nachwort

Dass es schwierig ist, ein perfektes Geschenk zu machen, hat jeder schon erfahren. Nach der Lektüre der in diesem Buch zusammengefassten Erkenntnisse der psychologischen Schenkforschung erscheint es geradezu unmöglich. Offenbar hängt es von einer zu großen Zahl an Einflussgrößen ab, ob ein Empfänger ein Geschenk als perfekt ansieht, u. a. von seinen Erwartungen, Interessen und geschmacklichen Vorlieben sowie von Art und Intensität der Beziehung, wobei alle diese Faktoren keinen konstanten Charakter aufweisen, sondern dynamischen Veränderungen unterliegen. Es gibt kein Patentrezept, mit dessen Hilfe man sicher vermeiden kann, dass ein Empfänger ein Geschenk als zu billig oder zu teuer, zu nützlich, zu banal, geschmacklich daneben oder als Verletzung milieu- und kulturspezifischer Werte wahrnimmt oder ihm die gedanklichen, zeitlichen und persönlichen Mühen und Opfer des Gebers entgehen.

© Der/die Herausgeber bzw. der/die Autor(en),
exklusiv lizenziert durch Springer-Verlag GmbH, DE,
ein Teil von Springer Nature 2021
B. Stauss, *Das perfekte Geschenk*,
https://doi.org/10.1007/978-3-662-63620-6

221

Ist es angesichts dieser Feststellung nicht besser, ganz auf Geschenke zu verzichten? Immer wieder sehen Menschen im Geschenkverzicht die Lösung aller genannten Probleme und treffen – insbesondere mit Bezug auf Weihnachten – eine entsprechende Vereinbarung im Sinne „Diesmal schenken wir uns wirklich nichts". Auf den ersten Blick erscheint dies vernünftig, stressvermeidend, kostengünstig und nachhaltig. Tatsächlich aber erweist sich eine solche Vereinbarung viel risikoreicher als das Schenken. Nicht nur Geschenke sind Informationsmedien, auch Nicht-Schenken enthält eine Botschaft, nämlich dass die Beteiligten einfach keine Lust mehr haben bzw. den Aufwand nicht mehr als lohnenswert ansehen, sich darüber Gedanken zu machen, was der andere sich wünschen oder was ihm eine Freude bereiten könnte. Eine Botschaft, die der Beziehung ein vernichtendes Zeugnis ausstellt, so beschreibt es Braun in seinem Artikel „Dieses Jahr schenken wir uns nichts!" (stern.de, 19.12.2007). Zudem zeigt die Erfahrung, dass diese Vereinbarung fast immer gebrochen wird, was nur dann vergleichsweise glimpflich ausgeht, wenn sich beide Partner nicht an die Abmachung halten bzw. darauf vorbereitet sind, dass der andere die Vereinbarung nicht einhält. Wenn aber nur einer ohne Geschenk dasteht, dann kann der Empfänger das Geschenk, das eigentlich nicht sein sollte, nicht mit Freude annehmen, sondern fühlt sich selbst schäbig und vom anderen hintergangen. Daher regiert er nicht mit Dank, sondern mit Vorwürfen wegen des Verabredungsbruchs, wie Bähr in seinem Artikel „Diesmal schenken wir uns wirklich nichts!" betont (FAZ-NET, 10.12.2016). Schlimmer kann auch ein nicht sonderlich perfektes Geschenk nicht wirken.

Also schenken wir auch in Zukunft, und die definierten Eigenschaften des Idealkonzepts vom perfekten Geschenk helfen uns, das Risiko des Scheiterns zu verringern. Mit Einfühlungsvermögen in die Person des Empfängers, mit angemessener Berücksichtigung von Situation, Anlass und aktuellem Stand der Beziehung, mit Überlegung, Einsatz und Sorgfalt wird es in den meisten Fällen gelingen, dem Empfänger eine Freude zu machen. Das gilt auch für die Fälle, dass bestimmte Anforderungen eines perfekten Geschenks nicht erfüllbar sind, weil beispielsweise die Wünsche des Empfängers weitgehend unbekannt sind, dieser auch keine Wünsche äußert oder so genaue Erwartungen hat, dass eine Überraschung unmöglich ist. So ist es durchaus denkbar, dass die kaum gekannte Nichte über einen Geldbetrag zur selbstbestimmen Verwendung richtig begeistert ist, dass der eigentlich wunschlose Onkel auf einen Gutschein für einen gemeinsamen Restaurantbesuch freudig überrascht reagiert, und der Partner erleichtert und glücklich ist, dass es keine böse Überraschung gab, weil sein präzise artikulierter Wunsch tatsächlich erfüllt wurde.

Geschenke, die alle Charakteristika eines perfekten Geschenks aufweisen, werden also trotz aller Bemühung eher die Ausnahme darstellen, aber man kann dafür sorgen, dass misslungene Geschenke die weitaus größere Ausnahme darstellen.

Zudem sollte man bedenken, dass wir die Geschenke, die wir im Moment des Empfangs als perfekt bewerten, keineswegs die sein müssen, die wir als die wichtigsten in Erinnerung behalten. Branco-Illodum und Heath untersuchen in ihren Studien "The 'perfect gift' and the 'best gift ever'", welche Geschenke als „best gift ever", also als beste Geschenke aller Zeiten im Gedächtnis gespeichert werden. Dabei spielen die Eigenschaften des idealen perfekten Geschenks durchaus eine Rolle, aber der emotionale Wert, der nicht zwingend im Augenblick der Übergabe des realen Geschenks vollständig wahrgenommen wird, geht weit darüber hinaus. Nach Erkenntnissen der Forscher lassen sich solche als besonders kostbar empfundenen Geschenke durch eines der drei – nicht überschneidungsfreien – Merkmale charakterisieren: Sie sind erlebnisgebunden („experiential"), mit einem wichtigen Einschnitt im Leben verknüpft („life changing") und unvergesslich („unforgetable"). Entscheidend für die untilgbare Erinnerung sind also oft gar nicht die erhaltenen Objekte selbst, sondern die Begleitumstände, die eigene Lebenssituation und die beteiligten Personen. Da sind die besonderen Anlässe, die Schlüsselmomente und Wendepunkte im Leben, die beispielsweise Geschenke zum erfolgreichen Schulabschluss oder zum Bezug der ersten eigenen Wohnung symbolisieren. Oder die Objekte sind gedanklich und emotional untrennbar mit geliebten Personen verbunden, wie das erste Geschenk vom späteren Ehemann oder das letzte Geschenk, das die inzwischen verstorbene Großmutter überreicht hat. Dabei ist es durchaus denkbar, dass solche Geschenke erst im Nachhinein als herausragend empfunden werden, man erst viel später und in der Rückschau die Wichtigkeit eines spezifischen Moments im Leben und die Bedeutung einer Person für die eigene Persönlichkeitsentwicklung erkennt. In solchen Fällen wird man es auch bedauern, wenn man das erinnerungswürdige und oft erinnerte „beste Geschenk aller Zeiten" schon lange nicht mehr besitzt.

Wenn es gelingt, ein perfektes Geschenk zu machen, ist das für Empfänger und Geber ein Glücksfall; wenn sich ein Geschenk für den Empfänger als bestes Geschenk aller Zeiten erweist, stellt dies einen noch viel selteneren Glückfall dar. Die dem perfekten Geschenk zugeschriebenen Eigenschaften geben wichtige Hinweise darauf, wie wir vorgehen müssen, wenn wir mit dem Geschenk Freude machen und Enttäuschung vermeiden wollen. Die Merkmale des „best gift ever" bieten dem Geber kaum Planungshilfen, aber sie weisen mit großer Deutlichkeit darauf hin, dass Geschenke wesentliche materielle Auslöser der immateriellen Erinnerungen an Momente und Menschen sein können. Wir sollten daher die erkennbaren wichtigen Lebensabschnitte von Menschen, an denen uns liegt, nicht verstreichen lassen und dabei die Anforderungen eines perfekten Geschenks reflektieren, wenn wir mit einem Geschenk in guter Erinnerung bleiben wollen https://doi.org/10.1007/978-3-8349-8747.

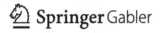

Printed in the United States
by Baker & Taylor Publisher Services